R E L A T I O N S

AMO... U

RELACIONES

AMOR, MATRIMONIO Y ESPÍRITU

JOHN-ROGER

EL AUTOR HA OCUPADO EL PRIMER LUGAR EN
LA LISTA DE "BEST-SELLERS" DEL NEW YORK TIMES

ÍNDICE

Introducción

Todas tus relaciones están dentro de ti. En última instancia, cada relación que tienes con otra persona refleja tu relación contigo mismo. Lo bien (o mal) que te relacionas contigo mismo se refleja directamente en la forma en que te relacionas con los demás, interna y externamente.

Se dice que la vida es lo que hacemos de ella, pero en un sentido más amplio la vida es lo que tú haces con ella. Con mucha frecuencia, el problema radica en la opinión emocional que tienes sobre lo que está sucediendo y no en lo que está sucediendo en sí. La vida está diseñada para ser una experiencia de aprendizaje y no una situación de castigo. Las relaciones pueden ser enriquecedoras y felices, en vez de limitantes y dolorosas.

Muchas personas abordan las relaciones de hoy basadas en las carencias del ayer, precipitando así el dolor del mañana. Casi todas las personas tienen un historial de privaciones que las convierte en candidatas para la telenovela llamada vida y mucha gente se relaciona con los demás a través del drama de sus traumas. Muchas personas se aproximan a las relaciones influenciadas por los condicionamientos habituales, sin basarse en su experiencia inmediata y terminan perdiendo lo emocionante de la vida: la abundancia, el amor y el gozo que siempre están presentes para aquellos que están lo suficientemente despiertos y conscientes para reclamarlos.

Ofrecemos este libro como una fuente que puedes usar para mejorar tangiblemente la calidad de tu vida. Cada capítulo sobre el matrimonio, el sexo, los hijos, la comunicación, tu relación contigo mismo y con el Espíritu contiene información general y específica que si la aplicas, puede hacer tu vida más feliz. Mi deseo al publicar este libro es que lo utilices de tal manera que reclames tu herencia: Una vida llena de salud, abundancia y amor.

1

EL MATRIMONIO

¿POR QUÉ CASARSE?

Existen muchas razones para el matrimonio. Algunas personas se casan porque no soportan ver televisión a solas. Otros se casan por la necesidad de desahogo sexual. Algunos se casan porque temen no tener quién los cuide cuando estén viejos y desvalidos. Otros se casan para tener seguridad financiera. Algunos eligen el matrimonio por ser la manera más aceptable de tener hijos y educarlos. Otros por el condicionamiento familiar y social que dice que eso es lo que hay que hacer. Hay incluso otros que se casan para equilibrar experiencias pasadas. Y algunos hasta se casan por amor.

En muchas de esas situaciones, las personas rara vez admiten ante sí mismas o ante su cónyuge, la verdadera razón que tuvieron para casarse. Se casan bajo la bandera del amor, pero no por la esencia del amor. Algunos permanecen casadas por muchos años con el pensamiento no expresado de: "¿Y esto es todo?" y otros pueden llegar a separarse diciendo "Si esto es todo, no me interesa".

Con frecuencia les sugiero a las parejas que están iniciando una relación que no se apresuren para casarse. Les sugiero que se tomen su tiempo para conocerse. ¿Cuánto tiempo? Mínimo seis meses y sugiero que sean dos años. En los primeros seis meses los dos se quieren con tal ceguera que automáticamente cooperan, aceptan, aman, fluyen, participan, se acomodan, se nutren, resuelven y comparten.

En dos años, sin embargo, algunas personas empiezan a expresarse negativamente, en términos de competir, ignorar y rechazar. Ese es el lado negativo.

El lado positivo de esto es que si la pareja ha estado junta durante dos años, es más fácil concluir la relación eligiendo no participar en la negatividad y aprendiendo lo que puedan de la relación, al tiempo que cada cual emprende su propio camino.

Conozco parejas que han acudido a un abogado antes de casarse para elaborar un contrato que defina los aspectos financieros y otros temas de su futura relación, incluyendo una lista detallada de lo que sucedería en caso de divorcio. Aun cuando esto puede ser muy práctico, ciertamente no es muy romántico, pero ¿tiene que ser romántico?

Mi punto de vista es que si una pareja tiene que hacer un convenio legal estipulando las condiciones para el divorcio antes de casarse entonces ¿para qué casarse? Yo me guío por lo siguiente: En caso de duda, abstente, o si dudas, convérsalo a fondo. Desde el punto de vista del amor incondicional, el matrimonio resulta difícil en un mundo condicionado. Si las personas se casan por las razones equivocadas, acabarán divorciándose por las razones acertadas.

Algunas personas llevan el romance al extremo y se casan pensando que ellos y sus parejas son y serán para siempre el uno para el otro. Esa es una falacia. Tratar de hacer funcionar un matrimonio sobre la base de ser el uno para el otro es como tratar de vivir en un estado de perfección en una situación imperfecta. Las cosas no fueron diseñadas de esa forma en este planeta perfectamente imperfecto.

Aquello en lo que se base el matrimonio va a determinar el amor o el desamor que se exprese, así como la duración de la relación.

Si un matrimonio está basado únicamente en el amor al sexo, no durará mucho tiempo, tal vez un año. Si además de la expresión sexual cada uno disfruta de la presencia física de la otra persona, esto puede sumarle unos cuantos años a la relación. Pero un matrimonio basado especialmente en mirarse uno al otro y en hacerse el amor, tendrá limitaciones en términos de tiempo y expresión.

Existen también los matrimonios basados en las emociones, como los que permanecen casados por el bien de los hijos, y después de que los hijos se van, por lo general terminan en divorcio. El matrimonio con bases emocionales durará más si incluye el amor mental. ¿Qué hace una pareja después de que los hijos se van y sienten menos deseos sexuales? Un matrimonio que incluye el amor mental, que es cuando a la pareja le encanta hablar y compartir, puede durar toda la vida.

Si te casas porque estás enamorado, debes saber que con igual facilidad puedes dejar de estarlo. Si te casas porque amas a tu pareja por lo que va a hacer, puede que no la ames si no hace lo que tú querías o esperabas. Pero si te casas porque sencillamente amas a la otra persona, sin importar lo que haga, entonces se trata de un amor que puede durar y que se puede disfrutar a través de todas las experiencias y para toda la vida.

En los matrimonios en que está presente el amor incondicional y espiritual es posible el amor total en todos los niveles, incluyendo un equilibrio armonioso de las expresiones mentales, emocionales, físicas y sexuales. Viven juntos en un estado natural de amor viviente. Eso es lo más cercano a la fantasía de vivieron felices para siempre.

¿Esta es la persona con quien me casé?

Después de que dos personas se comprometen en una relación y empiezan a vivir juntas, no pueden menos que verse envueltas en las intimidades del diario vivir: La monotonía del pagar las cuentas, los dolores y los achaques que a veces se presentan en el transcurso de la relación, y los placeres y las presiones sexuales. Más de una pareja casada se ha encontrado en una conversación como esta:

—Solamente hicimos el amor una vez esta semana.

—Sí, una sola vez ¿pero quién las anda contando?

—Tú no hiciste ningún ademán para acercarte a mí.

—Bueno, hubieras podido acercarte tú.

—Yo lo hice la última vez. Ahora es tu turno.

—Fui yo quien se acercó la última vez.

Con esta manera de relacionarse, comienzan a revelarle al ser amado diferentes partes de sí mismos que distan mucho de la perfección. De hecho pueden estar tan lejos de la perfección que esos aspectos se mantuvieron bien ocultos durante el período del romance o del noviazgo. Entonces, cuando la persona se siente lo suficientemente segura con su cónyuge, deja de representar su papel teatral y revela lo que estaba escondido.

Desde luego que si hubieran sido inteligentes y valientes desde el principio habrían revelado eso antes del matrimonio. Si no lo hicieron, tal vez tengan que enfrentar la presión del cambio. Cuando se revelan las imperfecciones en un matrimonio, a menudo cada uno quiere que el otro cambie, que altere su comportamiento o sus actitudes. Porque después de todo, no muchas personas quieren vivir con las imperfecciones, especialmente si son de otro.

En ocasiones puede ser útil examinar el concepto que tu pareja tiene de ti y ver si es acertado o si se trata más bien de su mirada condicionada que se enfoca en tus imperfecciones. Por el solo hecho de que tu pareja pueda ver falta de amor en todas las cosas que haces o dejas de hacer, como dice una canción "no necesariamente es así". La forma en que te experimenta puede estar más relacionada con la experiencia de algo que perdió en el pasado que con la realidad de lo que es.

Aunque no estás obligado a aceptar la experiencia que otra persona tiene de ti, sería útil que te aseguraras de no estar defendiendo una posición proveniente del ego. Si examinas honestamente lo que está sucediendo y permaneces en contacto con el amor que sientes por tu pareja, va a ser más fácil actuar con apoyo amoroso. Es cuestión de hacer lo que sea necesario para lograr una perspectiva elevada y ver lo que verdaderamente sucede; entonces te surgirán fácilmente actitudes y acciones de apoyo con amor y sentido del humor.

Van a suceder algunos cambios

Cuando las parejas no tienen la experiencia ni la fuerza de voluntad suficientes para orientarse hacia lo positivo, con frecuencia ejercitan el poder del no y señalan todas las cosas que supuestamente están mal en la otra persona.

La situación puede volverse desagradable hasta el punto en que uno de los dos diga: "Si yo hubiera sabido que esto iba a ser así, no me habría casado contigo". La respuesta honesta podría ser: "Ya lo sabía y por eso me encargué de que no lo supieras". Entonces cada uno se enfrenta al reto de amar a su pareja lo suficiente (con todo lo que sí saben de ella) y ver las imperfecciones a través de los ojos del amor.

Algunas personas se aferran a la lucha tradicional: "Te amaré solamente si cambias". La pareja puede quedarse estancada si la respuesta es: "No cambiaré hasta que tú no cambies". Otra respuesta podría ser: "¿Por qué debo cambiar? ¿Por qué no puedo mantener esta imperfección y que sigamos relacionándonos amorosamente de todas maneras? Las alternativas entonces son aceptar lo propuesto o quedarse estancado en una reacción emocional de "porque cuando me haces eso, me exaspero".

Podría ser el momento de que te pusieras en contacto con ese sentimiento de exasperación y que examinaras si lo que produce el juicio tiene que ver con la otra persona o con el condicionamiento cultural. En otras palabras, tu pasado puede estar nublando tu presente.

Las imperfecciones no siempre tienen que considerarse como malas noticias. Las buenas noticias son que las debilidades e imperfecciones humanas a menudo se comparten sólo cuando una persona se relaja lo suficiente como para no censurar sus pensamientos, sus hábitos o sus sentimientos.

Por ejemplo, imagínate tener el valor para admitir: "Tú eres la única persona que puede herirme y eres la única persona en quien he confiado como para compartir estas cosas. Sé que necesito ayuda, pero tú quieres que yo cambie antes de que yo sepa a qué me estoy enfrentado y cómo cambiarlo. Tú quieres marcharte antes de que yo siquiera haya empezado a examinar un hábito que desarrollé mucho antes de conocerte. ¿No podríamos sentarnos y revisarlo? Tal vez pueda cambiarlo, si supiera qué es lo que voy a cambiar. No cambiar por complacerte, sino cambiar lo que lo originó y eso requiere de un poco de búsqueda, de un poco de investigación, de un poco de conocimiento que me permita entrar en contacto con eso dentro de mí".

Lo que hace que sea tan difícil cambiar es la inhabilidad para entrar en contacto con una respuesta habitual. Es como tratar de abrir una caja fuerte sin darle vuelta a la perilla. No importa cuánto teorices, mientras no te pongas en acción y comiences a experimentar para descubrir cómo hacerlo, no estarás progresando para desbloquear el hábito.

En el amor, el verdadero amor que es incondicional, puedes ayudar a tu amado en lugar de criticarlo o de darle un ultimátum. En vez de la actitud de "cambia-o-de-lo-contrario", un apoyo amoroso sin condiciones alentará los cambios que se requieren.

¿Qué crees que produce la actitud de "Me voy a casar contigo pero tienes que cambiar"? Probablemente ningún cambio y si lo hay, puede estar acompañado de resentimiento, porque el cambio se produjo como resultado de la intimidación o de la coerción. Si llegas al ultimátum de "cambia-o-de-lo-contrario" a lo mejor puedes terminar consiguiendo un cambio y un "de-lo-contrario", y el "de-lo-contrario" se convierte en resentimiento.

Podrías pensar: "Bueno, si yo no exijo el cambio, no me quito de encima ese comportamiento que me vuelve loco". Nuevamente, tú tienes la responsabilidad de ir al fondo de lo que te vuelve loco. "El comportamiento de mi esposa" puede ser tu respuesta inmediata, pero apostaría a que además de tu esposa, son muchas las personas capaces de oprimir y accionar ese botón de volverte loco. Entra en contacto con lo que hay allí. Es tu botón el que se está oprimiendo. En lugar de tratar de cambiar rápidamente a los que oprimen el botón ¿qué te parece eliminar el botón o cambiar tu respuesta cuando te oprimen el botón?

Siempre podrás apartarte de tu ser amado en medio de tu enojo justificado. Eso deja la puerta abierta para encontrar a otra persona a quien amar, y muy probablemente esa persona te va a probar y te va a bendecir con mayores imperfecciones que oprimirán el botón de "me vuelve loco" más fuerte y más frecuentemente. Si sucede, posiblemente abandones esa relación aún más rápido que la anterior.

Es importante para tu relación que no trates el problema de tu pareja como si fuera más importante que tu propia pareja. No me interesa cuál sea la naturaleza del problema. Los problemas son para enfrentarlos, pero no cometas la equivocación de pensar que los problemas son tu esposo o tu esposa. Tu ser amado es más valioso que el problema. Puedes apoyar a tu pareja para que evite el comportamiento inapropiado siempre y cuando le comuniques que la amas más que al asunto que les preocupa.

Conozco un esposo que experimenta gran tensión en el trabajo y necesita tiempo para recuperarse cuando llega a casa. En ocasiones, la esposa y los hijos le exigen un poco de atención antes de que él haya tenido el tiempo suficiente para relajarse. Con frecuencia responde con irritabilidad, hasta el punto de la furia o de la impaciencia. Su esposa y sus hijos lo conocen y generalmente sólo se ríen. "Papi es así. Hay que darle 15 minutos más, masajearle los hombros y vuelve a la normalidad". Lo ves, no siempre tienes que reaccionar ante la fragilidad de alguien y menos exigirle que cambie. Algunos hasta se pueden observar, tolerar y reír de sí mismos, si quieren.

FIDELIDAD SEXUAL, FANTASÍAS Y FRECUENCIA

En la mayoría de las relaciones en donde media un compromiso, es inherente el acuerdo de que cada uno tendrá relaciones sexuales únicamente con su pareja. Si este punto no está claro en las mentes y en los corazones de cada uno, por favor cerciórense de conversar al respecto.

Cuando la expresión sexual es la manifestación física del afecto amoroso e íntimo, normalmente aportará amor y energía positiva a la pareja; sin embargo, si hay engaño en esa área, la negatividad puede llegar a tu ser y la energía natural se puede agotar. El engaño en el terreno sexual puede causar aflicción, dolencias y divorcio.

Yo animo a las personas a que sean honestas entre sí, compartiendo sus intenciones en torno a la fidelidad sexual y al cumplimiento de lo que acordaron; si el acuerdo cambia para alguno, se debe notificar al compañero inmediatamente.

En realidad, si has llegado a un acuerdo de mala gana y regateando en sesiones de toma-y-dame, es conveniente que examines larga y detenidamente tu relación. Si sientes que hacer el amor únicamente con tu pareja es una restricción, es posible que estés involucrado en la relación equivocada. Tal vez sería mejor que ustedes dos no estuvieran juntos, porque si estás involucrado en una relación amorosa con compromiso, la expresión natural y preferida es la fidelidad. Precisamente, hacer el amor es la expresión sexual del amor compartido únicamente entre dos amantes comprometidos. Algo menos que eso es perturbador y algo más que eso puede ser dañino.

No importa tanto que sientas deseo cuando veas a un hombre o a una mujer atractiva que no sea tu pareja. Lo que importa es si te dejas llevar por ese deseo y qué vas a hacer con él cuando este se manifieste.

Algunas personas eligen tener una aventura amorosa con otra persona y lo justifican diciendo que están eliminando el deseo sexual de su sistema. Y tal vez así sea, pero también pueden introducir en su sistema otras cosas como culpabilidad, remordimiento, desesperación, sentimientos de traición y hasta degradación.

El infierno que es parte de la traición refuerza el dicho de: *Tus pecados te delataron*, porque la culpa puede castigarte más que el mero acto sexual. Sería más conveniente no sucumbir al deseo por razón alguna, pero si eliges hacerlo, hazlo con pleno conocimiento, aceptando todo lo que esto conlleva y responsabilizándote de tu comportamiento.

Es cuestión de aprender disciplina y autocontrol en lugar de entregarte a la lujuria primitiva que desaparece un segundo después del acto y que sigue emergiendo una y otra vez, porque nunca se puede satisfacer. Ser esclavo de una sed insaciable no es vivir de manera sensata.

Algunas personas piensan que pueden salirse con la suya. Están convencidos de que si se cuidan lo suficiente como para que su pareja no los descubra, nadie lo sabrá y nadie saldrá lastimado. Pero siempre alguien se va a enterar. Y ciertamente ese alguien está dentro de ti, y tu cuerpo, tus emociones y tus experiencias de vida van a reflejar dicha traición, sin importar el argumento que esgrimas.

También está la pareja perceptiva. Él o ella quizá no sepan específicamente qué sucedió, pero pueden tener una sensación intuitiva que se arraiga profundamente a manera de separación en la relación. De pronto un día esa raíz sale a flote y crece como algo que puede ser el divorcio, cuando tu pareja te dice".Encontré un amante". Eso se llama: "Todo retorna a su creador" o "Cosechas lo que siembras".

Si ya sabes que hacer el amor y luego dormir junto a tu pareja es el único camino a seguir, estás en buen pie para una relación amorosa y duradera.

Un esposo o una esposa pueden fantasear con tener en sus brazos a otra persona mientras hacen el amor con su pareja y tal vez sin saberlo, el que está fantaseando está alejando al otro. Si lo haces es posible que estés haciendo el amor bajo presión o con expectativas, creando de esa manera una fantasía para poder actuar, o estás teniendo relaciones sexuales con mayor frecuencia de la que te gustaría. Puedes estar teniendo sexo en lugar de estar haciendo el amor como una forma de probarte a ti mismo debido a una inseguridad inconsciente acerca de tu sexualidad o de tu relación.

Si no te sientes estimulado sexualmente por la persona que está presente en el momento, te sugiero que no crees una fantasía para poder justificar y realizar el acto. La persona, tu amante o tu cónyuge, es quien está presente y ambos merecen toda la atención (física, emocional, mental, imaginativa y espiritual) durante esa expresión sexual apasionada.

Tu amante es una perla de inapreciable valor. No utilices el sexo únicamente como recreación pasajera con una persona tan valiosa. En vez, puedes usar el sexo como una forma de intimidad y de compartir. En ese contexto se desarrolla una recarga y una unidad en la que cada uno se siente más seguro del otro y de ambos como pareja. Esa es la forma más confortable de unidad.

No tienes que utilizar la relación sexual para ser sexy, sensual ni romántico. Pueden compartir una ducha o un masaje, recostarse juntos a escuchar música que abra el corazón, consentirse y quedarse dormidos. Eso también es romance.

Cuando una pareja pasa del noviazgo al matrimonio, a menudo cambia la expresión sexual por una menos romántica, con menos pasión y por lo general, menos frecuente. No te preocupes ni te juzgues a ti ni a tu pareja. Es parte del cambio cualitativo y cuantitativo que conlleva una mayor proximidad física y una relación comprometida. Rara vez aparecen consideraciones de ¿Querrá ella? o ¿Será que él...? Parte de la condición inherente en un matrimonio es la expectativa de que la expresión sexual va a estar disponible.

Deja que el cambio suceda. Deja que la opción de galantear entre ustedes sea distinta. Eso no significa que seas desconsiderado ni mecánico. No. Nunca olvides que la expresión sexual se llama hacer el amor. Asegúrate de que por encima de cómo, dónde o cuándo, estés verdaderamente haciendo el amor a tu pareja y con ella.

Muchos animales tienen períodos de celo y algunas personas dicen que los seres humanos no funcionan así. Yo no estoy muy seguro de eso. Por mis observaciones y la asesoría que he prestado a parejas que han estado casadas entre dos y veinte años, he encontrado que la gente pasa por ciclos sexuales.

Parece haber períodos recurrentes en que los individuos, hombres y mujeres, no toman la iniciativa sexualmente o no son receptivos al acto sexual. Eso no significa que el amor disminuya; de ninguna manera. Parte del ciclo natural es que la expresión no se encuentre siempre "encendida". No necesitas juzgarte ni sentirte culpable por eso. Solamente toma conciencia de tu propio ritmo y compártelo con tu pareja.

Una de las peores cosas que puede hacer una pareja es ir a la cama bajo presión y dormirse con inquietudes sin resolver. Si el hombre se acerca y la mujer con frecuencia dice: "Esta noche no, mi amor", y no lo conversan de corazón a corazón, el hombre puede dejar de buscar el acercamiento y finalmente salir a buscar a otra persona. Lo mismo sucede cuando la mujer quiere hacer el amor y el hombre no quiere apagar el noticiero de las once en la televisión. Si el hombre lo hace con suficiente frecuencia, tal vez sea la esposa quien protagonice las próximas noticias.

Sugiero que compartan amorosa, espontánea e íntimamente. Sepan que hay altas y bajas en los ciclos sexuales y que no sólo está bien sino que es más común de lo que la gente quiere admitir. Si ese es tu caso, puedes compartirlo así con tu compañero: "Mi amor. Estoy locamente enamorada de ti pero estoy pasando por un período en el que sólo quiero dormir contigo abrazándote. No sé la razón de esto, pero te amo y simplemente no me provoca el sexo. Debe ser sólo un ciclo y no tiene nada que ver con mi amor por ti".

Esta clase de honestidad amorosa hace más fácil para el hombre y para la mujer el manejo de los ciclos sexuales. En este compartir no hay sentimiento de rechazo, de culpa ni reproches. Entonces en verdad pueden dormirse amorosamente sabiendo que los ciclos son normales, que no son buenos ni malos, sino sólo parte de la naturaleza.

ESTÁN TOCANDO NUESTRA CANCIÓN

En una relación comprometida entre dos personas surgen experiencias y expresiones cariñosas. A veces, una canción se convierte en algo importante durante el noviazgo. Mi consejo es que no disipes su valor compartiéndola como algo especial con otra persona.

Igualmente, si acostumbras llamar a tu ser amado con un término cariñoso, no uses esa expresión con ninguna otra persona. Aunque sea algo tan común como mi amor o corazón. Si usas ese término para tu amor, asegúrate de mantener esa energía sagrada entre ustedes dos, reservando ese término sólo para tu ser amado. Tener esas cosas, esas palabras, esas canciones, esos sitios íntimos que solamente ustedes dos comparten es como una manta de seguridad.

BESAR Y TOCAR ¿O HAY ALGO QUE SEA SAGRADO?

Sólo por el hecho de que quieras sentirte libre y sin restricciones, eso no significa que pierdas la sensibilidad, el respeto y la responsabilidad. La consideración no está destinada a desaparecer por el hecho de haberte casado y entrar en una relación íntima. Yo sugiero que te eleves con la relación en vez de "entrar" en ella.

Hay cosas que son sagradas para muchas personas, como algunas expresiones en las que se prefiere la privacidad, algunos comportamientos reservados para compartirlos íntimamente con tu pareja. Esas manifestaciones varían de acuerdo a la cultura, al género y a los individuos. Tú debes determinarlas con tu pareja, con respeto y aprecio, y sobre todo con aceptación amorosa.

La forma como las parejas se besan y se tocan, aún en público, es sutilmente sagrada entre ellos; mantén esa expresión dentro de la privacidad de ustedes dos. Por ejemplo, conozco a un hombre que cuando estaba soltero siempre saludaba de beso en la boca a todas las mujeres. Lo hacía de manera casual y afectuosa, y decía que realmente no significaba nada. Sin embargo al hablar del tema más honestamente, admitió que era una forma sutil de coqueteo.

Cuando se casó, él y su esposa tomaron conciencia de que había un poco de inseguridad en la forma como cada uno se relacionaba con el sexo opuesto. Él sentía que ella les coqueteaba, y era verdad. Ella sentía que él estaba demasiado disponible para que las mujeres lo abrazaran, lo besaran y lo acariciaran, y también eso era verdad. Después de seis meses de forcejear con el tema, una vez que depusieron sus egos y sus hábitos, cada uno terminó por rendirse. Sucedió así:

—Mi amor, no quiero que los hombres te den palmaditas en el trasero, aunque los conozcas hace diez años.

—Estoy de acuerdo. Ya no me siento cómoda con eso. Me voy a preocupar de que no ocurra nuevamente.

Y lo hizo, no precisamente colgándose un letrero, sino no estando abierta a eso. La mayoría de las personas es sensible a estas cosas y las comprenden. De vez en cuando, alguien con poca sensibilidad buscaba el acercamiento; entonces ella lo aclaraba tomándolo de la mano y diciendo: "Gracias, pero esa área está reservada para mi marido".

Ella también le dijo a su esposo: "Querido, no me gusta que tus amigas te besen en la boca y te abracen acercando su cuerpo a ti como si yo no existiera". Él respondió: "A mí tampoco". Y dejó de hacerlo.

Esta pareja hubiera podido refugiarse en el concepto de la libertad diciendo: "Yo te amo, y el hecho de que yo bese o me deje acariciar no tiene nada que ver con mi amor por ti. Es sólo la forma como me expreso. Si lo interpretas negativamente, es algo que tú tienes que resolver". Cuídate de las palabras que suenan tan bien y que lo justifican todo, menos la consideración amorosa.

La pareja de la que estoy hablando se rindió a la consideración y no al ego. Hicieron de ciertas partes de sus cuerpos y de sus acciones algo sagrado, tejiendo juntos su manta de seguridad.

MATRIMONIO EXITOSO

La mayoría de las personas diría que un matrimonio exitoso se basa en el amor incondicional, sin embargo, la verdad es que por lo general la gente no se casa por amor incondicional sino por amor condicionado. Se condicionan el uno al otro, incluyendo amarse mutuamente sin condiciones, basados en condiciones. Con frecuencia piden que la otra persona llene ese espacio vacío, solitario y de inseguridad que hay dentro de ellos, y la persona sencillamente no sabe cómo hacerlo. Nadie sabe cómo colmar a otro a pesar de lo que digan las canciones y las películas románticas. En verdad, pocos saben cómo llenarse a sí mismos.

En lugar de intentar ser incondicionalmente amoroso el cien por ciento del tiempo y exigirle a tu compañero que esté en un estado similar, "o-de-lo-contrario.."., yo sugiero que cada uno asuma la experiencia que existe en el momento. Por "asumir" quiero decir que acepten lo que esté sucediendo, sin juicios, sin culpas y sin ningún ultimátum.

Si hay algo en el comportamiento de tu pareja que te molesta, puedes cambiar tu enfoque en vez de alterarte. Hacerlo requiere de compromiso y disciplina interna. En realidad, para que el matrimonio tenga éxito exige un compromiso de amar al cien por ciento: un compromiso, no necesariamente lograrlo. En otras palabras, si tu compañero a veces muestra un comportamiento poco amoroso, no lo golpees con un "¡Pero tú te comprometiste al cien por ciento!"

Compromiso realmente quiere decir que ambos optan por el cien por ciento de ser amorosos. No esperen perfección porque tal vez ella no sea posible, y la paradoja es que tú la sigues buscando. Lo que podrías lograr es excelencia, y la excelencia en el amor da como resultado una plenitud casi total.

Lo que puede eliminar el casi y producir una verdadera plenitud es el otro elemento necesario para una relación exitosa: Aceptación total de la otra persona. Aceptar todos los atributos positivos es fácil. ¿Pero qué tal aceptar todas las debilidades humanas, sin juicio, sin resentimiento y sin desilusión? (A propósito, los juicios son un intento por conseguir que la gente piense que eres perfecto. Cuando alguien es perfecto, eso implica que la persona tiene derecho a juzgar. Sin embargo, en realidad, en un estado de perfección no existe el juicio porque puedes ver que en verdad todo es perfecto.)

En cualquier situación tienes que ir más allá de las palabras, al corazón, porque si no escuchas al corazón, no hay palabra que sirva. Una vez que estés en el corazón (el tuyo y el de tu ser amado), podrás dar y recibir, elevar y ser elevado. Si ustedes no son mutuamente amorosos ni se cuidan uno al otro, realmente no vale la pena estar juntos.

Juntos podrán enfrentar mucha basura y muchos desacuerdos, siempre y cuando ambos estén comprometidos a enfrentar y atravesar la basura juntos. Mientras más lo hagan los dos, más rápido la atravesarán, hasta que al final ese basurero será parte del pasado: Un marco de referencia histórica para ustedes y para otros.

Para hacer que tu matrimonio funcione, primero ve adentro de ti y crea un espacio a salvo y seguro para cada uno de ustedes.

La seguridad y la salvaguarda son productos que van acompañados de grandes dosis de los siguientes ingredientes: compasión, aceptación, humor y una ración doble de amor.

Para que tu matrimonio funcione, tienes que continuar casándote cada día también. De hecho se podría hablar de un "casamiento" como una acción permanente de sostenerse y cuidarse mutuamente.

Conozco a dos personas que están muy enamoradas. Después de observarlos por tres años he visto que su amor es más alegre y jocoso que antes. ¿Por qué? Porque están en un "casamiento". Mantienen la relación viva mediante actos de aceptación y de sostenimiento. He aquí el ejemplo de algo que les sucedió recientemente.

Un día mientras iban en el automóvil, él sintió que la esposa estaba apartada. No se trataba de algo que ella hubiera dicho o hecho, pero cuando estás profundamente enamorado experimentas a la otra persona, con frecuencia puedes intuir algo sin que haya indicaciones obvias. Él preguntó: "¿Te pasa algo?" Ella contestó: "No, sólo estoy callada".

Cuando estacionaron el auto, él todavía sentía la separación. Nuevamente preguntó: "¿Estás segura de que todo está bien?" Ella dijo: "Sí, sólo necesito estar sola un rato".

La reacción inicial de él fue de disgusto, de tensión y de todos los demás botones de dolor emocional. Después de todo, habían planeado ir al cine, comer pizza y pasar un día maravilloso juntos. Sin embargo, ella estaba distante.

Él estaba consciente de que sus emociones empezaban a crecer, pero eligió no darle energía a esos sentimientos ni a esos pensamientos. Sólo replicó: "¿Cuánto tiempo quieres estar sola?" La respuesta fue: "Unos 15 ó 20 minutos". Él dijo: "Está bien, la película comienza en 30 minutos. Te encuentro frente al teatro en 20 minutos". Y la dejó en el automóvil.

La mujer permaneció allí sola, consigo misma. No comprendía lo que le ocurría, pero no lo juzgaba. Sencillamente se dio permiso para estar con sus pensamientos, sus sentimientos y lo que sea que aflorara. Se sentó allí disfrutando simplemente de ser, un hermoso regalo.

Mientras el esposo caminaba, atravesó momentos de rechazo, de rabia y aislamiento. Luego se distrajo de esas emociones observando a la gente que miraba vitrinas y comenzó a disfrutar del hecho de estar solo. Finalmente se encontró frente a una floristería y pensó: "¡Qué diablos! Si ella necesita estar sola, yo por mi parte me estoy divirtiendo y estoy loco por ella, así que la voy a sorprender con flores".

Y eso hizo. Le compró tres rosas: Una blanca, otra amarilla y otra morada y logró acomodarlas en el bolsillo de atrás para que ella no las notara a primera vista.

Después de hacer lo necesario para equilibrarse, ella lo esperaba frente al teatro. Ahora estaba lista para estar con él y lo abrazó. Sintió que algo salía del bolsillo. Descubrir el amoroso regalo les permitió a ambos reír y disfrutar mientras entraban al teatro: ahora su relación se había enriquecido. Casualmente me contaron que la película era terrible, pero ellos se rieron todo el tiempo y la pasaron muy bien.

Ese es un ejemplo vivo de personas que eligen una expresión positiva en el amor en medio de la tentación negativa. Eligieron ir en pos del amor y no del malestar emocional.

No tienes que descargar tu disgusto en tu pareja. Qué tal decir: "Me casé contigo y puedes continuar siendo tal como eres, si eso es lo que deseas, porque por mi parte no te pido que cambies. Si me disgusto cuando hagas algo, ambos lo sabremos y me hago responsable de amarte a través de mi disgusto".

Con el tiempo tu disgusto podría cambiar a diversión y aceptación de los condicionamientos bastante humanos de tu ser amado. (Cambiar de actitud es una gran clave para lograr relaciones constructivas, amorosas y duraderas). Cuando muestras esa clase de amor incondicional, ese apoyo seguro puede animar a tu pareja a cambiar el hábito simplemente gracias a la comprensión amorosa. No bajo presión. Y aun cuando el otro no cambie, tú sigues experimentando amor porque has elegido el amor.

CREANDO TU PROPIA PELÍCULA

En realidad tú eres el escritor, el director y la estrella de tu propia película. Se titula "Esta es tu vida". ¿Se trata de una comedia? ¿De un drama romántico? ¿De una película de horror? ¿De una telenovela? ¿Cómo ves tu propia película?

Hay muchas maneras de ver un filme. Por ejemplo, puedes ir al cine y elegir sentirte muy asustado por lo que ves y lo que escuchas. Eso es perpetuar una relación artificial. Si deseas la relación verdadera tienes que convenir que es una película, imágenes que se muestran en una pantalla, un invento artificial que no es la vida y lo convienes así desde que compras tu boleto. Dentro de esa relación acordada, partes de la película pueden ser divertidas, de miedo, o aburridas, y todo está bien porque estuviste de acuerdo con esa relación.

Lo mismo sucede en las relaciones personales e íntimas. En esencia te comprometes, estás comprando tu boleto para la gran película titulada Relaciones. Dependiendo de tu actitud puede ser divertida, de miedo, aburrida, fascinante, enriquecedora, inspiradora o muchas otras cosas.

Lo importante es recordar que fuiste tú quien compró el boleto para la película de las relaciones. Tú eliges ser el protagonista romántico, la ficción liberadora, el ingenuo con mala estrella, el héroe, el villano, el vencedor o la víctima. Todo depende de ti y de tu actitud. Una vez que lo sabes, puedes comprometerte en la relación con tu amante en lugar de evitarla mediante juicios y haciéndolo quedar mal y tú bien.

La película de las relaciones puede tratarse del sentido de humor de Dios. Puede estar llena de ternura, de absurdo, de compasión, de dolor y de amor.

¿LOS HIJOS SUMAN O RESTAN EN UNA RELACIÓN?

Cuando nace un niño en una familia, se produce un ajuste sustancial necesario para los adultos. Añaden nuevos roles a los de marido y esposa: ahora también son papá y mamá. Este ajuste se logra mejor con conciencia y sensibilidad. Si tienes hijos, cerciórate de cuidar lo suficiente de ti, de tu pareja y de tus hijos para que sus vidas estén equilibradas.

Desde luego que esto resulta más fácil de decir que de hacer. Para aquellos que no están preparados es como si el mundo se les diera vuelta. Generalmente la mujer puede estar mejor preparada quizás porque ella llevó al niño en su vientre y el período de gestación puede fomentar una relación orgánica para cuando el niño nazca. El hombre puede estar menos preparado porque durante el período del embarazo él sigue teniendo gran parte de la atención de la esposa. Y entonces de repente, mucha de esa atención se necesita en otra parte.

Cuando nace un niño la energía se enfoca en ese ser que necesita considerable atención física y ciertamente una gran cantidad de amor, comprensión, guía y apoyo. Buena parte del esfuerzo lo hace la madre. Eso no quiere decir que el padre no participe plenamente. Por lo general, puede ser muy ventajoso el que ambos padres compartan el trabajo y el amor, que va desde cambiar los pañales, hasta alimentarlo, mecerlo y jugar con él.

Sin embargo, la mujer es quien lo carga y lo da a luz, y también es ella quien lo alimenta. Usualmente la madre pasa más tiempo con el niño, mientras el padre continúa trabajando y ganando dinero para atender las necesidades y los lujos de la familia. Por lo general, la madre es quien se despierta para dar de comer al bebé a medianoche, para que el papá pueda dormir el tiempo suficiente y trabajar durante el día.

La paradoja es que la madre también trabaja durante el día, en un horario diferente. Ella está dedicando gran cantidad de tiempo al cuidado de su hijo y si es lista, hará pequeñas siestas mientras el niño duerme.

Veamos una escena posible: Para la hora en que el papá regresa a casa, la mamá ha cambiado los pañales del niño cerca de una docena de veces, lavado y planchado una buena cantidad de ropa, preparado la comida, limpiado la casa y le ha hablado al bebé con lenguaje infantil. Por lo general está exhausta.

El papá ha trabajado todo el día, resuelto problemas, preocupaciones y conflictos con el jefe y los colegas, equilibrándolos lo mejor que pudo; ha conducido a casa en medio de un tráfico pesado y por lo general está exhausto.

La madre desea acostar al niño, comer, relajarse y que el marido/padre le converse. Ella necesita al amante que hay en él. Necesita al esposo-adulto para compartir, cuidar y expresar cariño y amor. Ha estado todo el día dando y ahora sencillamente necesita relajarse y recibir.

El marido/padre está un poco irritable debido a las preocupaciones de la oficina, el tráfico, las cuentas por pagar y en medio de esto alza al bebé quien lo moja. Él realmente quiere que el bebé se duerma, que le sirvan la comida, descansar viendo televisión, dormirse y poder olvidarse del mundo. Sencillamente necesita relajarse y recibir.

¿Qué suponen ustedes que desea el bebé? A esa edad el niño está en automático, quiere comida, que lo mimen, que le den cariño, cuidado y comodidad. En otras palabras, el bebé sólo quiere relajarse y recibir.

En síntesis esta es la situación: Tres seres vivos en la misma casa a un mismo tiempo, todos queriendo relajarse y recibir. Y difícilmente hay un donador en el grupo.

Si se van por el camino tradicional—es decir, falta de conciencia—se culparán entre sí por no dar. Claro está que no se espera que el niño tenga esa conciencia y probablemente va a llorar y a quejarse cuando no obtenga atención. En ese punto los padres pueden tornarse más irritables y el bebé puede llorar y quejarse aun más. El marido/padre podría decirle a la esposa/madre: "¿Podrías de una vez acostar y hacer dormir a tu hijo?"

La esposa/madre contestaría automáticamente: "También es hijo tuyo. ¿Por qué no lo acuestas tú?"

—Yo estuve trabajando todo el día

—¿Y qué crees que estuve haciendo yo?

—Viendo telenovelas

—¿Ah sí? Yo estuve lavando pañales mientras tú tomabas un aperitivo a la hora del almuerzo

Hasta el infinito, hasta el absurdo, hasta el divorcio.

Esos primeros meses con un hijo pueden ser difíciles porque el equilibrio es delicado. Sugiero que ustedes dos, amantes—sí, amantes—estén conscientes de que comenzaron siendo amantes y que eviten la trampa habitual de sobre-identificarse con el síndrome de papá-mamá. Hagan todo lo que se requiera para garantizar que el tiempo para el amor de los adultos siga vivo y pleno. Desde luego que será cuantitativamente distinto que antes. Cuidar de un niño pequeño exige una gran cantidad de energía física, emocional y espiritual, particularmente de la madre. El amante masculino hará bien en tenerlo presente y apreciar lo que ella expresa por el niño de ambos.

También puede ser una etapa difícil para el hombre. El amante dentro de él está acostumbrado a tener "a su mujer" disponible para amarla, cuidarla, dar y recibir y para jugar con ella espontáneamente. Ahora, como el niño demanda tanta energía, una fuente de gozo en su vida—su esposa—no está tan disponible como antes. A veces el hombre experimenta un sentimiento de pérdida, como si hubiera perdido a la esposa a favor del hijo. Otras, puede sentir resentimiento y culpa; resentimiento por la pérdida cuantitativa de su amante y culpa por resentirlo, al tiempo que reconoce que ella es una gran madre para su gran hijo.

Con el nacimiento del niño las prioridades se revolucionan. Por ejemplo, habrá momentos cuando los amantes se estén expresando su cariño sexualmente y el niño despierte y empiece a llorar. La revolución de las prioridades hace un llamado para que se suspenda la acción sexual y se deje pendiente. Es muy difícil hacer el amor sexual cuando un niño está llorando y necesita cuidado.

A pesar de las dificultades y de los ajustes, el nacimiento de un niño es una gran oportunidad para los amantes/padres. Ambos pueden ser parte del nacimiento de muchas maneras. Por supuesto que el nacimiento físico también puede ser atendido y apoyado por el padre, pero me estoy refiriendo mas bien a un nuevo nacimiento en comprensión, toma de conciencia y sensibilidad, a nacer a un nuevo nivel de cuidado de un adulto por el otro.

El cuidado puede manifestarse de dos maneras, la grandiosa y la prosaica. Por ejemplo, de regreso a casa el esposo puede hacer un esfuerzo y comprar flores y comida china. La mujer puede enfriar una bebida para el esposo y para ella, mientras calienta la leche del bebé. Es posible hacer los arreglos para que venga una niñera y así los padres tengan un tiempo de adultos entre sí.

Durante esta etapa en que no se sienten cómodos dejando al bebé con la niñera (puede estar resfriado o tener fiebre), igual pueden sentarse juntos, hacer palomitas de maíz, ver algún programa tonto en la televisión y masajear la espalda del amante. Cuando el niño lloriquea, puedes decir: ""Yo voy, amor. Cuando vuelva me cuentas qué pasó". Y cuando tu amante regresa, le cuentas el final del programa, acaricias sus mejillas y se duermen juntos en ese estado amoroso.

Ser padres puede ser un milagro exquisito y extraordinario que puede funcionar. Eres una pieza esencial para traer a un ser humano al planeta con el fin de que tenga su experiencia de vida. La experiencia puede ser un placer, una alegría amorosa y un gran fortalecedor. Para ustedes tres; para ustedes cuatro. O más.

Ustedes, amantes que también son padres, pueden evitar la trampa de hacer que toda su vida gire en torno al niño, al punto de causar separación entre ustedes. Su hijo es una expresión de su vida, y una expresión muy importante, por cierto. Sin embargo, si ustedes no viven su vida con un intercambio amoroso como adultos, su hijo va a sufrir las consecuencias de esa relación. Si los padres no se expresan su amor, el niño va a experimentar esa pérdida.

Pueden tenerlo todo. Ámense y apóyense como amantes y valoren sus roles como madre y padre. Si lo hacen, amar y apoyar al niño les resultará fácil y será un aporte a sus vidas sólo en la medida en que se nutran unos a otros.

El dolor: Un despertador

Cuando cedemos nuestros derechos individuales a otras personas, potencialmente estamos abriendo las puertas al dolor.

En los votos tradicionales del matrimonio, la mujer prometía "amar, honrar y obedecer" al marido. El término "obedecer" implica que una conciencia se supedita a otra, y cualquier forma de esclavitud puede crear resentimiento y dolor.

Asimismo, los votos matrimoniales de "en las buenas y en las malas, en riqueza y en pobreza" sugieren responsabilidades que tal vez no estés en capacidad de manejar. Sin duda, "las malas y la pobreza" no deben ser lo que prefieres. Una preferencia más consciente podría ser que ninguno sea un parásito ni una sanguijuela para el otro, y que las dos personas trabajen juntas con mutuo respeto y cooperación y mucho cariño, y con una generosa dosis de humor para atravesar los momentos difíciles.

Dentro del matrimonio, cada vez que tu ser amado emprende una acción, tú estás vinculado a esa acción de alguna manera. Por ejemplo, si la esposa se endeuda, el marido tiene que pagar la cuenta Si él estrella el automóvil de la esposa, la póliza de ella en la compañía de seguros se verá afectada por el reclamo.

En lugar de la versión romántica del matrimonio, en donde dos personas locamente enamoradas se miran fijamente a los ojos, yo sugiero una realidad mayor: Dos personas que miran en la misma dirección—no una a la otra—compartiendo un camino de vida que los pueda enriquecer y apoyar.

Otra metáfora podría ser la del esposo como un pino y la esposa como un roble. Ninguno puede crecer a la sombra del otro. Juntos se mantienen de pie a suficiente distancia para que las raíces del uno no estrangulen las del otro. A medida que van creciendo se pueden entrelazar y compartir la belleza, pero en la base, que es donde radica la estabilidad, cada uno tiene que establecer sus propias raíces y cimientos Estarías en mejor pie si evitaras la fantasía romántica y te decidieras por la realidad. Si no lo haces, podrías crearle dolor a la otra persona y seguramente también a ti mismo.

La gente piensa que lo más fácil para escapar del dolor en el corto plazo es usar cualquier medio posible: drogas, sexo sin sentido, exceso de comida, de alcohol o de cigarrillo, pasar mucho tiempo viendo televisión, en el cine o los libros, cualquier cosa que te aleje del dolor ¿no es verdad?

Sin embargo, a la postre, tratar de escapar del dolor es como tratar de huir de ti mismo: No puedes hacerlo. Puedes ir donde quieras, pero el dolor va contigo porque el dolor es el mecanismo de respuesta dentro de ti.

Podrías pensar: "Pero es culpa de ellos; por eso huyo. ¡Quiero huir de ellos!" Desde luego que hay ocasiones en las que no es prudente permanecer con personas que están expresando negatividad. También puede haber momentos en que hacer otras elecciones sea de mayor provecho para tu crecimiento. Podrías adoptar otra actitud y considerar la posibilidad de que el causante de tu dolor no sea otra persona. Aun cuando pudiera parecer que es tu cónyuge quien está causando el dolor al hacer una determinada cosa, siempre hay otra opción al mirar la situación. Así como la fuente de tu amor está dentro de ti, también está la fuente de tu dolor. Cuando experimentas dolor, este proviene de una fuente llena de dolor dentro de ti.

Aun así podrías decir: "No entiendo". Mi respuesta es: "Sí entiendes. Sientes dolor, pero no siempre es culpa de tu cónyuge". Muchas personas que yo conozco se han casado y divorciado muchas veces y en cada nuevo matrimonio tienen dificultades similares debido al mismo patrón. Llevan la negatividad propia a cada nueva relación y perpetúan su dolor culpando al otro.

El dolor sólo es un método de reconocimiento. Muchas personas están dispuestas a mirar, pero no todas tienen el valor para ver. Si eres lo suficientemente valiente como para ver, podrías reconocer que el dolor que experimentas tiene más que ver contigo que con la otra persona. Al culpar a otro puedes estar intentando eludir la relación dentro de ti.

Conocí a una persona que siempre sufría de ataques de ansiedad antes de un evento deportivo que involucrara a su equipo preferido. Sentía un inmenso dolor o placer dependiendo del resultado del juego. Yo no experimentaba ninguna de esas sensaciones en relación con el mismo evento. ¿Era el equipo el causante del dolor o del placer de mi amigo?

Si así fuera, entonces yo habría tenido la misma experiencia. Al parecer es cuestión de actitud en cada individuo. Está claro que la relación personal de mi amigo con el evento incluía la importancia emocional que él le daba al resultado del juego. Mi relación con el mismo juego era muy diferente. A mí no me importaba quién ganara o perdiera. Yo simplemente disfrutaba viendo el juego.

Años después me encontré con este amigo y le pregunté: "¿Cuando tu equipo pierde todavía te afecta tanto?" Él respondió: "No. Ya no. Maduré".

Decir "maduré" es bastante ajustado. En otras palabras él necesitó madurar para poder reconocer que su reacción emocional le pertenecía a él y al reclamarla como propia, también pudo desecharla.

Lo mismo se puede aplicar a tus relaciones íntimas. Cuando tu cónyuge hace alguna cosa que te afecta terriblemente, puedes elegir madurar—no en relación a la acción de tu cónyuge sino a tu reacción. Puedes hacerlo siempre y cuando estés dispuesto a asumir tu reacción.

Asumir tu reacción es dar otro paso hacia el despertar. Muchas personas se han permitido vivir la vida, dormidas. Parecen estar caminando a través de una pesadilla de influencias condicionadas por su madre, su padre, la sociedad, las expectativas de su género, los antecedentes financieros, las ilusiones sexuales, los temores y muchas otras cosas, pero menos por su ser original. Con mayor razón debemos enfrentarlo. La historia del Planeta Tierra no se ha caracterizado por favorecer la abundancia original de amor y de gozo. Y sin embargo, esa abundancia está disponible para cualquiera que tenga el valor de buscarla. ¿Cómo? Ten por seguro que no va a ser culpando ni señalando a otro como equivocado o como la fuente de tu dolor. Para despertar y activar a tu ser original puedes comenzar aceptando que la relación principal de tu vida es contigo mismo. También puedes tomar conciencia de que cada una de tus respuestas emocionales te pertenece, que eres tú quien determina tu actitud. ¡Qué poder tienes! ¿Tienes la disposición y el valor necesario para reclamarlo?

LOS CELOS EN EL MATRIMONIO

Los celos funcionan de manera similar a muchos mecanismos de defensa, integrando muchas partes y precipitando una reacción emocional. Por lo general resulta inútil si tratas de manejar sólo una parte del mecanismo. Por ejemplo, si estás celoso porque piensas que tu pareja está cortejando a alguien y te divorcias, en tu siguiente matrimonio es muy probable que tengas que enfrentar una preocupación parecida debido a la complejidad de tus mecanismos.

Te serviría más si arreglaras primero tus "engranajes internos" que parecen estar tan bien lubricados para los celos. Luego, si alguna persona se comporta realmente de una forma que para ti no funciona, podrías manejarlo como información en lugar de tener reacciones emocionales automáticas a los mecanismos de la mente.

Los celos son un proceso que involucra a la visión, la auto-imagen y la imaginación, y tienen su origen en un concepto débil de uno mismo. A partir de dicho concepto que dice: "En realidad no soy lo suficientemente bueno y cuando mi pareja se dé cuenta de mi realidad, va a descubrir que no valgo nada", puedes crear una imagen que apoye esa sensación de carencia.

Los celos se manifiestan especialmente en las relaciones amorosas de un individuo que tiene una relación de falta de amor consigo mismo. Hasta que la persona no haga todo lo necesario para reconocer su propio valor y merecimiento, toda relación puede resultar afectada por los celos. Si las personas no mantienen su enfoque puesto en el amor pueden caer en recriminaciones por celos, regularmente injustificados, pero sintiendo una irritación como si fuera cierto.

La dinámica de los celos no sólo revela falta de confianza de una persona hacia la otra, sino también falta de confianza en uno mismo. La fuerza motriz es el temor a perder el amor del ser amado o que el amante quiera más a otra persona. Los celos representan una fuerza muy destructiva, cuyo sistema de apoyo es la paranoia. He visto comportamientos asombrosos de personas que tratan de justificar sus celos cuando en realidad están encubriendo su propio comportamiento poco confiable o su propia inseguridad, que no tienen nada que ver con la otra persona. Por ejemplo, sé de un esposo que llegó tarde del trabajo a su casa y cuando fue a soltar el agua del sanitario, notó que había dos colillas de cigarrillos. Metió las manos en el sanitario para sacar las colillas empapadas de orina y poder determinar si eran de la misma marca que fumaba su esposa.

Sé de una esposa que mientras trabajaba tarde en su oficina, recibió una llamada del esposo para averiguar a qué hora iba a regresar a casa, Pensó: "Él nunca me llama para preguntarme eso. Debe estar con una mujer en nuestra casa. En nuestra alcoba. ¡En nuestra cama!"

Salió corriendo antes de terminar el reporte que se había comprometido a tener listo en la mañana. Condujo por la ciudad como si estuviera compitiendo en las 500 Millas de Indianápolis, escapando apenas de un accidente de graves consecuencias. Dos cuadras antes de llegar a casa, apagó las luces del auto y a una cuadra puso el automóvil en neutro para que el esposo no la escuchara llegar.

En la puerta de entrada se quitó los zapatos, entró de puntillas y fue directamente a la alcoba lista para sorprenderlos. No había nadie. Escuchó el sonido de un corcho en la cocina y pensó: "¡Ah! Se están tomando un trago en la cocina. Seguramente de ese vino especial que habíamos guardado para una ocasión importante".

Entró como una tromba en la cocina—y por poco le causa un infarto a su esposo de la sorpresa—para encontrarlo allí preparándole la comida. La había llamado para tenerle lista una cena sorpresa cuando ella llegara a casa.

Ella, todavía aferrada a los celos, le dijo: "¿Cómo hiciste para sacarla de aquí tan rápido? Aún puedo oler su perfume. ¿Cómo así que estás cocinando? ¿Te sientes culpable?" Estas acciones son paranoicas.

La mejor manera de manejar sentimientos de celos es contárselo a tu pareja demostrando honesta vulnerabilidad, no como una acusación, sino asumiendo la responsabilidad de tus sentimientos. Conozco a un hombre que lo hizo así con su esposa y ella sólo sonrió y lo abrazó por quererla tanto. Se sentó a su lado reafirmándole cuánto lo amaba y le dijo: "Mi amor, si todavía estás preocupado porque llegué tarde, pregúntame lo que quieras". Con esa manera sencilla de darle permiso para preguntar, ella disipó la preocupación. Él preguntó, ella contestó, él se sintió mejor y se disculpó y ella simplemente lo amó por quererla tanto y por ser tan honesto.

Una mujer puede mirar a un hombre buen mozo y disfrutar de su apariencia y un hombre puede admirar algo en otra mujer. Pueden disfrutar y admirar pero no participar, y si eso lo comparten, se pueden trascender hasta las preocupaciones de género. Por ejemplo, una pareja puede apreciar la belleza de otra mujer o de otro hombre ya sea en persona, en la televisión, en el cine o en una revista. Incluso pueden jugar juntos en torno a eso con humor. Si no existe el sentido del humor en tu matrimonio, te sugiero que revises la relación porque sin el humor son muy pocas las cosas que duran en este planeta. Regularmente el sentido del humor es la única salida para las tensiones que no se pueden resolver intelectualmente.

No puedes curar los celos por medio de razonamientos lógicos porque los celos no son un proceso de razonamiento lógico. Tú y tu compañero tienen que demostrarse confianza y amor incondicional en su comportamiento. Si no estás dispuesto a hacer eso es posible que los celos te manejen. Cuando estás separado físicamente de tu pareja no tienes que imaginarte que ella está involucrada con otra persona. En cambio, ¿qué tal si te imaginas que está haciendo algo hermoso, amoroso y enriquecedor? La separación física no tiene que significar una separación en el amor.

En lugar de ceder a los mecanismos engañosos de los celos, tan pronto estos se manifiesten puedes poner en práctica tu capacidad de tomar conciencia y de elegir. No permitas que los celos se conviertan en otra respuesta habitual para ti.

Haz lo que sea necesario para mejorar tu autoestima. Haz las cosas que te permitan experimentar tu propio valor, como tomar clases de ballet, de aeróbicos, estudiar otro idioma, fotografía o prestar servicio a la comunidad—cualquier cosa que te apoye.

Los celos no pueden sobrevivir en una atmósfera de merecimiento, aprecio y amor. En vez de tratar de resolver el efecto de los celos, puedes eliminar la causa fortaleciéndote tú mismo.

TRUCOS QUE FUNCIONAN

¿Cómo mantienes activo el amor a nivel práctico cuando las cosas se ponen   difíciles en una relación personal? (Y probablemente habrá ocasiones en que éstas se pongan más difíciles y que lleguen a ser hasta rudas). En otras palabras ¿cómo aplicas el concepto de amor incondicional en tus acciones cotidianas? Cuando las cosas son infernales, ¿cómo invocar al cielo?

Practicándolo. Usa todas y cada uno de los recursos que tengas a mano que te conducen a ese estado activo de amor. Además de la contemplación, la meditación, los ejercicios espirituales, los talleres, los seminarios, la literatura de crecimiento personal, etc. puedes inventarte tus propios métodos.

Algunas personas usan un colgante en una gargantilla que simboliza el amor. Otros usan un anillo. Algunos llevan en el bolsillo un regalo de amor valioso o usan incluso una banda de caucho en la muñeca y la hacen chasquear como un recordatorio punzante para evitar la negatividad. Desde luego que son sólo objetos físicos que no tienen ningún poder, sin embargo simbolizan   tu intención: son tus métodos personales, tu manera de de recordarte.

He visto que las personas usan esos objetos cuando sienten la presión. Cuando estés en medio de una de esas rutinas de "tú dijiste-yo dije-tú hiciste-yo hice", haciendo quedar mal a la otra persona y estallando en una irritación moralizadora, tómate un segundo y toca físicamente el objeto. Al sentir el contacto físico, piensa en el amor que este representa. Has atravesar tu ira y tu reacción emocional por el objeto y observa si se disuelven. Puedes usar ese objeto inanimado para reactivar el poder de tu amor. ¿Funciona? Es posible, si lo practicas.

Seguramente has oído la expresión "cuenta hasta diez antes de hablar", que significa que hagas todo lo que esté en tus manos por centrarte cuando estés en un estado emocional. Realmente a algunas personas les resulta. Otras tienen que contar hasta cien antes de equilibrarse. Hay quienes tienen una palabra o una frase que repiten silenciosamente cuando entran en uno de esos estados alterados. Si vas a escoger una palabra o una frase clave, es mejor que lo hagas cuando te sientas lleno de amor, ya que esa palabra o expresión contendrá una energía amorosa de forma natural. Cuando la invoques en medio de un estado de alteración y la repitas todas las veces que sea necesario para recibir su energía amorosa, tu alteración se podrá transformar en observación neutral, en aceptación y hasta en amor humano cálido. ¿Un truco? Quizás, pero cualquier cosa que evoque la capacidad de amar es válida.

Una persona que conozco usa una pieza de música en particular (Pablo Casals interpretando a Bach en el violonchelo) que lo calma inmediatamente, lo reconforta y le ayuda a conectarse nuevamente con su corazón bello y amoroso.

Descubre los trucos que a ti te funcionan y practícalos. Es difícil vivir en este planeta a veces. ¿Por qué no convertirse en un gran mago? Sé un alquimista y transmuta la negatividad en amor. Eso es posible. Incluso puedes involucrar a tu pareja en esta técnica y juntos podrían jugar el juego del truco-del-amor.

Conozco a dos amantes que recibieron como regalo de bodas un par de hermosas estatuillas de Dresden, las que colocaron en una mesa en la alcoba. Cuando uno de ellos se disgustaba o se ponía furioso con el otro, iba a la alcoba y volteaba una estatuilla de modo que le diera la espalda a la otra.

Cuando la pareja entraba a la alcoba comprendía que había problemas. Desde luego que una persona, dados sus condicionamientos habituales, podría voltear la otra figura y entonces habría dos figuras dándose la espalda, imitando a los seres humanos.

Por fortuna, la pareja optó por resolver los problemas en vez de dejarse llevar por los condicionamientos emocionales, a pesar de que a veces sus problemas se volvieran tan complicados, casi hasta el punto de no querer dormir en la misma cama.

Sin embargo, nunca llegó a tanto porque habían hecho un acuerdo que ambos respetaban. El compromiso consistía en que si una de las estatuillas de Dresden no miraba a la otra, no se dormirían hasta que ambos no estuvieran listos para poner las figuras frente a frente. Obviamente eso implicaba que estos dos seres humanos se miraran y lo conversaran hasta aclararlo. A veces hacerlo podía llegar a tomar buena parte de la noche y no se dormían hasta las 4:00 a.m. Y a pesar de que tenían que levantarse a las 7:00 a.m. para llegar a tiempo al trabajo, cuando se despertaban y las figuras se estaban mirando, ellos también se levantaban con una tremenda energía. Los dos reconocían que lo más valioso en este mundo es el intercambio de energía amorosa.

Y no se trata de un intercambio teórico de energía. Estoy hablando de cosas específicas. Como cuando una persona que trabaja puede llegar con los zapatos sucios a casa, dejando el piso manchado. Su cónyuge puede proceder a limpiarlo, comprendiendo que la suciedad no importa y que se puede limpiar. En otras ocasiones, la persona podría quitarse los zapatos antes de entrar.

Desde luego que existen conflictos más difíciles, como cuando los enfoques de ambos respecto de un asunto parecen incompatibles y no se ve posible llegar a un compromiso o encontrarse en la mitad. Muchas personas se divorcian por su incapacidad para encontrar una solución, mientras que hay otras que se mantienen en un matrimonio de amargura.

Existe una tercera opción. Puedes tomar las cosas que no funcionan y de hecho sacarlas de la relación. En cierto modo es como si las colocaras en un museo. Puedes ponerle a cada asunto un título. En tu imaginación o en la realidad, si esto es posible, puedes tomarle una fotografía, hacerle una escultura o convertirlo en una pieza simbólica y ponerla en una vitrina o en una caja de cartón y llevarla a la bodega. Puedes anotar el título en un libro que tenga cerradura con llave y guardarlo.

Esta técnica sirve para que ustedes dos acuerden no estar en desacuerdo. Ambos se comprometen a convertir el problema en un no-problema. Los dos lo declaran un tema no apto para conflicto, guardándolo literalmente en la bodega en un sitio que ambos acuerden como inaccesible. A consecuencia del acuerdo, nunca se involucran con esa "cosa" en la relación.

Si ambos practican el acuerdo, este puede tener un efecto de unión asombroso. Como resultado del acuerdo mutuo de "guardarlo en el estante" y de mantenerlo inaccesible a los conflictos, ustedes han asumido un compromiso para solidificar una relación viviente entre los dos.

¿En algún momento se enfrenta el asunto? En ocasiones este se puede disolver por falta de energía. Cuando algo no se alimenta, con frecuencia desaparece. Luego también están los asuntos que se mantienen en el estante hasta cuando se presente el momento y el lugar oportunos para tratarlos. No te apresures a sacarlos del estante. Ocúpense de llegar a un acuerdo juntos—aun cuando sólo sea mantenerlos allí por diez años—y de cumplirlo.

Lo importante de esta técnica es mantener el asunto fuera de la relación. Tal vez parezca como un concepto difícil de entender, pero si las relaciones fueran fáciles no estarías leyendo este libro.

En aras de la claridad, considera que existen muchos asuntos y situaciones importantes que no pertenecen a la relación. Por ejemplo, existen satélites flotando en el espacio exterior; un hombre pesca en un lago en Rusia; hay un koala en un árbol en Australia; mientras para ti es de día, en otra parte del mundo es de noche. Todas estas cosas existen fuera de tu relación y no hay nada que puedas ni debas hacer con ellas. Coloca ese conflicto con tu pareja, que aparentemente no tiene solución, a una distancia similar.

Desde luego que tu mente puede decirte que eso no es verdad, que el asunto o la "cosa" está aquí mismo, corroyéndote. Si quieres una relación exitosa, tienes que aprender a disciplinar tu mente para que sostenga el enfoque que tú quieres y no que reaccione con construcciones mentales que tal vez no tengan mucho que ver con tu corazón.

Es muy probable que si ambos mantuvieron el acuerdo, es decir, dejar la "cosa" encerrada bajo llave y luego decidieron desempolvarla para revisarla en un momento determinado por ambos—diez meses, diez años o el tiempo que sea—, la energía del asunto ya no va a tener carga negativa. De hecho puede convertirse de verdad en una pieza de museo, en una reliquia que se mira con interés como representativa de una época que quedó atrás.

¿Qué asunto en tu relación es causa de constante separación, independientemente de los intentos mutuos de solucionarlo? Sólo tú lo sabes. Puede ir desde expectativas sobre la apariencia física (ella está muy gorda), actitudes en torno al tiempo de descanso (él siempre quiere ir al cine o ella siempre quiere ir al mismo restaurante), el dinero o cualquier otra cosa que conviertan en un conflicto para ustedes.

Las exigencias y las expectativas llevan fácilmente a la separación. Si ambos acuerdan colocar las exigencias en el museo, sólo se quedan con la aceptación y la unidad que de todas maneras son el sentido del matrimonio.

Tal vez tu mente diga: "Ponerlo en un museo, ¿no quiere decir esconderlo? ¿No es que el asunto se va a ir al inconsciente, ya sea que lo enfrentes o no?" No importa a dónde vaya. Cuando colocas tus pretensiones de superioridad en el estante, le das la oportunidad a tu corazón de disolver o resolver el conflicto.

Algunos problemas no necesitan acciones ni palabras para resolverse. Hay problemas que se resuelven solos en el transcurso del tiempo. Esta técnica del museo hace un llamado a la paciencia y al amor, que algunas personas denominan Espíritu, para resolver las diferencias que ustedes dos pueden haber creado mucho antes de los recuerdos conscientes que tengan. Esto será posible, en la medida en que sean lo suficientemente fuertes y amorosos como para hacerse a un lado y dejar que el Espíritu trabaje a Su ritmo, propio y perfecto.

Divorciarse con amor

Algunas personas ven el divorcio como algo terrible. Y puede ser terrible si los protagonistas hacen lo tradicional, que es la actitud que da lugar a este tipo de conversaciones:

—Tú coges los discos y yo me llevo los libros.

—No, yo quiero los libros.

—Está bien quédate con los libros. Yo me quedo con la casa y tú con la hipoteca.

Con esta actitud ancestral, es posible que la pareja se dedique a pelear por las cosas materiales. Al hacerlo, el cariño puede desvanecerse y dar cabida a la rabia. Bajo esas condiciones, el divorcio se convierte en una empresa difícil.

Existe otra posibilidad. El divorcio puede ser la conclusión amorosa de una relación que ya se ha completado. Claro; es posible que haya un poco de tristeza, pero no es la clase de tristeza que te lleva a herir a la otra persona. Es sólo el reconocimiento de que tu expresión con esa persona en el nivel físico está completa. Si el amor entre dos personas no funciona—es decir, que ya no está produciendo ni alegrías ni abundancia—es probable que la relación esté concluida. De ser así, tengan la sensatez y el valor de reconocerlo. Esto último puede ser difícil si consideras que los finales son fracasos. Tal vez esto no sería tan difícil si ambos vieran la culminación de su relación de manera objetiva.

Cuando las personas están dispuestas a permanecer abiertas y se rehúsan vivir su vida en silenciosa frustración, pueden optar por el divorcio. Están más dispuestas a decir: "Esto no está funcionando", y a ser honestas y claras, que a seguir juntos en un matrimonio donde existen diferencias verdaderamente irreconciliables. Si el amor ya no existe, tal vez sea más devastador permanecer juntos que enfrentar el problema y reconocer que el divorcio puede ser la opción más elevada.

Puede ser tan simple como decir: "Hemos llegado al final de lo que podíamos hacer juntos, y quiero ser libre para rehacer mi vida de otra manera. Pero esto no quiere decir que piense que eres un fracaso ni nada por el estilo. Quiero irme porque he concluido lo que tenía que hacer en esta relación".

Tal vez tu pareja acceda, o puede que se resista aduciendo: "¿Y qué si yo no he terminado?" Podrías preguntar: "¿Cuánto tiempo crees que te tome? ¿Unos meses, unos minutos o un instante? Seamos honestos: juntos ya no generamos amor. Cuando más, nos toleramos mutuamente, y en el peor de los casos, tratamos de desquitarnos".

El hecho es que rara vez hay forma de quedar empatados. Alguno siempre está arriba, y eso significa que el otro queda abajo. Si el hecho de estar arriba tiene por fin que el otro quede por debajo de ti, estás tan desequilibrado como el que está abajo, y tal vez más. El hecho de que la relación de vivir juntos concluya no quiere decir que el amor se acabe. En realidad, si alguna vez amaste de verdad a tu pareja, no hay razón para que el amor cese aún en medio del divorcio.

Algunas personas que han mantenido una relación negativa estando casados y se divorcian, con el tiempo llegan a ser amigos. Incluso pueden convertirse en mejores amigos que cuando estaban casados, porque ya no hay exigencias ni expectativas mutuas y lo que queda es aceptación. Eso también implica el no juzgarse. Paradójicamente, esa es la base perfecta para una relación íntima. "Demasiado tarde", podrías pensar, pero no es tal si esa actitud se aplica en las relaciones en el futuro.

Para bien o para mal, el matrimonio es una opción tradicional que por lo general funciona más para mal que para bien. El casarse, es decir, compartir lo que existe con aceptación y amor, es un proceso continuo que puede ser enriquecedor y reconfortante, y representar una de las relaciones que te pueden dar mayor satisfacción en este planeta.

Te invito a que tomes permanentemente las opciones en las que tanto tú como tu pareja, ganen. Así no habrá un "para bien o para mal", sino sólo lo que existe.

2

EL SEXO

El intercambio sexual es una de las maneras en que el Alma se involucra con el amor en el nivel físico.

El amor sexual se produce cuando te encanta tener sexo con una persona determinada y ambos comparten esa energía que es particularmente poderosa. Dentro del marco apropiado, la relación sexual es la forma de unión física más elevada que un hombre y una mujer pueden compartir.

Cada uno por separado puede sostener otras formas de unión espiritual, pero juntos y realizado de la manera apropiada, pueden alcanzar de hecho una conciencia más elevada cuando se produce este intercambio de energía.

Algunas parejas logran esa experiencia. Otras fingen tenerla. Pero no hay forma de engañar al conocedor de la verdad que reside en lo profundo de ti. Independiente de cuán buen actor seas, ese conocedor interno siempre sabe la verdad. Si estás dispuesto a oír, podrás escuchar mucho acerca de tu expresión sexual. Tal vez no sea algo muy complicado. Quizá sea tan simple como: "¿Qué van a pensar de mí?"—es decir, el dios de la opinión.

El conocedor de la verdad dentro de ti sabe si el Alma está involucrada realmente. En forma rápida y clara te dará a conocer tu expresión sexual. ¿Cómo? Si no has hecho el amor con una actitud cariñosa y afectiva, poco después del orgasmo—o en muchos casos después del no-orgasmo—la experiencia está definitivamente agotada. En los momentos posteriores, por lo general se produce una sensación de pérdida, una sensación de vacío, un dolor sordo e indefinido. Se puede identificar como hacer el amor sin amor.

Con frecuencia, tanto los hombres como las mujeres evitan una expresión física afectuosa de amor incondicional. Los hombres olvidan que la mujer con la que están no es sólo un objeto sexual sino un objeto de amor que vive, respira, se interesa y siente. En su ignorancia, los hombres pueden privarse a sí mismos y a su pareja de una satisfacción sexual que comienza mucho antes que la relación sexual a nivel físico y que termina mucho después de que la relación sexual ha concluido.

También las mujeres pueden usar al sexo como una expresión negativa en vez de expresar en forma física el amor incondicional del Alma.   En ocasiones, las mujeres hacen el amor por conveniencia, expectativas y manipulación. Juegan a hacer el amor y fingen pasión con la esperanza de obtener la atención del hombre. Tal vez nieguen su amor porque enjuicien al hombre o sientan un desacuerdo con él.

En las peores circunstancias, un hombre movido sólo por el deseo sexual dice "te amo" antes del acto, y la mujer, insegura de su participación, dice "te amo" después del acto. Y de hecho todo puede haber sido sólo una actuación. Sería bueno que te dieras cuenta de que la negatividad que se expresa sexualmente, por acción o por omisión, va a permanecer contigo mucho tiempo después de que el acto sexual termine. Sería mucho más beneficioso para ti que eligieras tratarte mejor. ¿Por qué participar de una forma que no apoya a tu magnífico corazón amoroso en una energía tan poderosa? Ciertamente que no vale la pena una expresión sexual sin amor si se considera la soledad que se siente cuando un acto de esa naturaleza concluye.

¿No te parece que tiene más sentido hacer el amor por el cariño del corazón que por lujuria o por miedo a la soledad?

¿CUÁNDO COMIENZA Y CUÁNDO TERMINA EL SEXO?

El acto sexual no necesariamente comienza en la alcoba. Una pareja podrías estar charlando luego de haber cenado en un restaurante a la luz de las velas y demás, y que en este compartir íntimo aflore la pasión sexual. Tal vez tu ser amado sonría de cierta manera o entorne los párpados de una forma que te excita. Puede que hablen de algo muy interesante, que se produzca un intercambio poderoso de ideas, un compartir personal sobre algo muy significativo o tan solo el simple gesto de una flor dada con amor. Cualquiera de estas experiencias puede excitarte sexualmente. Obviamente, el sexo comienza mucho antes que el acto explícito de una relación sexual.

¿Cuándo fue la última vez que te duchaste con tu pareja? ¿Cuándo fue la última vez que le friccionaste la espalda? ¿Que le secaste los pies? ¿Que le acariciaste la cabeza cuando estaba cansado? ¿Que le rascaste la espalda hasta que se le quitó la comezón?

Si cuando haces el amor sientes dentro de ti todo lo que amas de tu pareja, no hay ni un antes ni un después. Toda la expresión es un círculo amoroso de hacer-el-amor sin comienzo ni fin. Considera que también puedes hacer el amor al besar tiernamente a tu pareja diciendo: "Te amo, mi cielo", para luego estrecharse y abrazarse hasta quedarse profundamente dormidos con esa sensación de bienestar del amor compartido.

Sexo es el Alma haciendo el amor en ese tierno momento de cariño físico.

Información sexual

Estamos viviendo en una época en que se cuenta con disponibilidad informática, y ésta incluye a la información sexual. Lo positivo de esto es que no tenemos que seguir viviendo en la ignorancia en torno a los asuntos sexuales. Los hombres han descubierto que probablemente no vayan a quedarse ciegos si se masturban, y las mujeres, que no las va a partir un rayo si tienen sexo antes del matrimonio. Lo negativo es que con toda esa información, por lo general, se pierde la esencia de dicha expresión.

Tenemos acceso a libros prácticos sobre el sexo, que lo cubren casi todo: orgasmos de clítoris y vaginales, punto G, eyaculación precoz, impotencia, técnicas para acariciar, besar y múltiples posturas, el uso de aceites, ungüentos y aromas, y una completa variedad de accesorios sexuales. Muchísima información. ¿Pero todo eso es realmente importante?

La información más importante no es sobre la técnica, sino saber que el acto sexual ha sido creado como una expresión de amor físico y afectivo.

El sexo no se puede experimentar en un libro de texto ni consumar a nivel verbal. La expresión sexual es una de las pocas cosas que dependen enteramente de la experiencia. Durante la experiencia puedes, en forma simultánea, aprender a expresarte desde el corazón con todas las partes de tu cuerpo y rendir la prueba para comprobar si lo estás logrando.

Existen grandes músicos, bailarines y cantantes que nunca llegan al estrellato. ¿Por qué? Porque como lo dijo alguna vez Louis Armstrong: "Tienes que tener Alma". Y él la tenía, al igual que Frank Sinatra, Fred Astaire, Ray Charles, Joan Sutherland y Mikhail Baryshnikov.

El mismo lema se aplica a un amante: "Tienes que tener Alma", y eso significa conectarse con el alma universal, también conocida como amor incondicional. Esa Alma está dentro de ti. Y para poder contactarte con ella, lo que tienes que hacer es sacar al ego del camino. No tienes que ser el mejor amante del mundo (si es que eso existe). No tienes que ser el mejor dotado físicamente. No tienes que actuar. Sólo tienes que ser. Si tú y tu pareja se aceptan tal como son, con amor incondicional, serán los mejores amantes, el uno para el otro. Cuando se expresa amor, no existe la comparación.

Te iría mucho mejor si no trataras de conseguir toda la información que existe para convertirse en un mejor amante a nivel mecánico.   Por ejemplo, algunos libros explican cómo retardar el orgasmo imaginando una colisión de trenes. ¿Sabes lo que sucede cuando tienes relaciones sexuales y retardas el orgasmo imaginando una colisión de trenes?   Que estás relacionándote con una colisión de trenes y no con tu ser amado.

Tal vez sepas mover y contraer y expandir los músculos a la perfección, tal como lo describe algún libro, pero ¿sabes de qué te estás ocupando?   Del ejercicio físico. Eso podría ser más adecuado en una clase de aeróbicos que en la cama de un amante.

¿Eso es todo lo que quieres?   Lo dudo. Casi todos los seres humanos que conozco quieren básicamente lo mismo: dar y recibir más amor.   El acto sexual ha sido creado para expresar amor a nivel físico y afectivo.

COMPARACIÓN SEXUAL

En esta época en donde las comunicaciones son tan veloces y en que prácticamente todo es permitido, tenemos también acceso a revistas lustrosas de dudosa intención, así como a libros pornográficos y películas y videos de evidente calificación "para mayores".   Por supuesto que los actores y modelos contratados para esas actuaciones públicas son aquellos que han sido dotados generosamente.   Lo mismo sucede en la mayoría de las películas de Hollywood, que emplean gente de gran belleza física, también los realizadores de películas pornográficas contratan a la excepción y no a la norma—ya que todas las personas normales lucirían comunes y corrientes en cuanto a tamaño y belleza física; pero es el amor y la belleza interna lo que las hace únicas.

Por lo general, ¿cómo lucen las personas que aparecen en las revistas y en las películas pornográficas? Casi nunca tienen cuerpos comunes y corrientes que expresan un cariño dulce. Las mujeres parecen tener 100 cm. de busto y 50 de cintura y se retuercen y gimen en salvaje apasionamiento al oír la orden del director: "¡Acción!". Literalmente hacen el amor, también llamado actuar o fingir. Los hombres que desempeñan su papel en esta fantasía gráfica, tienen grandes órganos genitales y una potencia más grande que la de un tren.

¿Cómo quedas tú si te comparas con ellos? Si empiezas a compararte podrías sentirte en menos cero. Puedes llegar a pensar que tienes alguna falla; que tal vez necesites un implante o tomar una docena de cápsulas de vitamina E al día o quizás ir donde un terapeuta— cualquier cosa, menos aceptarte tal cual eres.

Es posible que alguna gente piense: "¿Pero cómo puedo aceptarme tal cual soy? ¿Los viste a ellos? Son perfectos y yo estoy en menos cero". Si te comparas, claro que puedes perder. Allí radica la trampa de las comparaciones. Aunque veas a alguien y te creas mejor que esa persona, estate seguro de que existe alguien mejor que tú a la vuelta de la esquina de las comparaciones. Si te comparas con un contorsionista pornográfico de una revista o de una película, cuya intención es la estimulación falsa, posiblemente pierdas porque tú eres real y lo que estás viendo o leyendo es realidad ficticia. Hay una manera de ganar y no es tratando de encajar en ningún ideal externo; es aceptando la persona maravillosa y única que eres tú aquí y ahora Reconoce que estás dotado de un cuerpo físico que fue hecho para ti. ¿Quieres mejorarlo? Siempre puedes hacer ejercicio y alimentarte mejor.

Pero cuando te encuentras en medio de un abrazo sexual con alguien a quien amas, no estás en una relación con alguna de esas cosas externas. Estás abrazando la esencia amorosa, que da la casualidad que viene empacada en un cuerpo humano. En ese momento, en tanto el amor esté presente, la forma en que abraces será perfecta. Cuando el amor no está presente, no existe forma que sea lo suficientemente perfecta.

Otra forma de comparación es imaginar o alucinar a alguien haciéndolo tan real que sueñes despierto el acto sexual tú solo. Si lo haces con suficiente frecuencia, la alucinación puede entrometerse mientras haces el amor con un compañero de carne y hueso. Sin embargo, tal vez no estés haciendo el amor con la persona real porque la energía de la alucinación puede aflorar, robándole a ambos el intercambio amoroso.

Independientemente de con quién compartas el acto sexual, la realidad es que nunca haces el amor con alguien que no tengas en tu mente. Si tu compañero de cama no es tu compañero mental, entonces estás con la persona equivocada o estás imaginado a la persona equivocada. En vez de vivir en tu imaginación y en una fantasía sería mucho mejor que estuvieras presente en cuerpo, mente y espíritu con la persona de tu corazón. Entonces, cuando hagas el amor con esa persona especial, no habrá intromisión de la fantasía porque la realidad estará totalmente presente y será amorosa.

¿Existe un ideal romántico? Claro que sí, pero no es un personaje masculino o femenino allá afuera. El ideal romántico es un proceso, un "proceso entre dos" que involucra al mismo tiempo ser considerado con la otra persona y contigo mismo. De hecho, el ideal romántico más enaltecido es el proceso de sacrificarte por la persona que amas. ¿Sacrificar qué? Tu ego, tus apegos a una actitud determinada, a poseer físicamente, a una opinión, y especialmente a tener la razón. Sacrifica cualquier cosa que se interponga en tu camino de dar y recibir amor.

¿Existe un rol para cada sexo?

Los hombres por lo general son más mecánicos que las mujeres. Su primera respuesta sexual usualmente es física. Las mujeres pueden ser más sensibles en el Espíritu. Su primera respuesta de tipo sexual está por lo general en la mente y en las emociones.

Si una mujer siente que el hombre está actuando con ella mecánicamente y que no se está relacionando a través de las emociones, tal vez se cierre al nivel físico, debido a una reacción inconsciente o un juicio sobre el comportamiento del hombre.

En cualquier caso, esto deja al hombre frustrado y a la mujer separada. Una opción más constructiva para ella podría ser relacionarse al nivel del hombre (no juzgándolo como malo, sino viéndolo como diferente) o llevar al hombre al nivel emocional.

Esto mismo sucede a la inversa con frecuencia, cuando el hombre empieza a moverse hacia el despertar espiritual y la mujer no. La respuesta inconsciente de ella podría ser lo que alguna gente llama frigidez.

Cuando ambos se relacionan por medio de la expresión espiritual, también conocida como amor incondicional, la relación sexual puede ser hermosa. Si es menos que eso tal vez no conduzca a una relación enriquecedora y equilibrada.

Hace años, hablando con una hermosa mujer que me entrenaba en cuanto al punto de vista femenino para la asesoría matrimonial, le hice varias preguntas:

—¿Cómo manejas las ocasiones en que tu esposo quiere tener sexo y tú no? Por lo general, ustedes no tienen tanto deseo a nivel sexual como los hombres, ya que ellos son más mecánicos y la mujer más compasiva y emocional.

—Tienes razón.

—Entonces, ¿cómo respondes a su acercamiento?

—Yo soy la calma para mi esposo. Cuando él está intranquilo yo puedo calmarlo.

—¿Qué clase de intranquilidad?

—Cualquiera. Intranquilidad sexual, depresión o ansiedad. Él llega a mí y yo lo calmo. Llegado el momento, ambos nos sentimos en armonía, en el amor y entonces la opción mutua es hacer el amor, porque en ese momento nos convertimos en un espacio seguro para el otro.

A mí realmente me conmovió su actitud, pero seguía queriendo entender cómo manejaban los problemas en la relación (aunque para ellos no parecía haber problemas). Así que pregunté:

—¿Qué haces cuando estás excitada sexualmente y él no quiere que lo molestes?

—Para él no hay nada mejor.

Los dos reímos y decidí hablar con el esposo y escuchar su punto de vista. Le pregunté cómo manejaba esa situación en su matrimonio.

—Cuando recién nos casamos, yo estaba muy interesado en ella en términos de mi cuerpo.

—En otras palabras, estabas excitado la mayor parte del tiempo.

—Así es. Pero siempre supe que en ella también había una profunda sabiduría y algo muy tranquilo. Cuando estaba con ella, jamás sentía esa ansiedad de probarme a mí mismo ni de liberar las tensiones físicas que había sentido en el pasado con otras personas. Tenemos una hermosa relación y ella siempre está en calma.

Sentí como si quisieran convencerme de algo. Aunque me reuní por separado con cada uno de ellos, parecían tener el mismo libreto. Con el fin de aclarar lo que él me había dicho, le hice otras preguntas como para poder traducir su relación en términos claros para nosotros la gente "normal" que damos, tomamos, peleamos, discutimos y amamos. Él compartió algo más:

—Cuando una mujer te responde de una manera que te apoya, ella se ocupa de tu bienestar y de tu felicidad. No se ocupa sólo de lo suyo. Es como si ella se entregara totalmente.

Yo pensé que se trataba de una fantasía machista o de un sacrificio altruista utópico. Entonces le pregunté:

—¿Y cuál es el papel masculino en todo esto?

—Cuando ella se entrega a mí totalmente, no hay forma de dejarla insatisfecha ni infeliz. Simplemente no puedo hacerlo.

—¿Eso qué significa en términos de la relación sexual?

—Absolutamente todo. Yo respondo de maneras que nunca pensé fueran posibles. Por ella sacrifico todas mis consideraciones para poder presentarle a ella algo que es muy especial para mí—que es ella misma. Sacrifico mis consideraciones para presentarla a ella misma a través mío.

Comenzaba a entender pero quería estar seguro y pregunté:

—¿Cómo lo haces?

—Ella siente amor por ella misma. Yo tomo ese amor y se lo presento a través mío. Es tan puro que quiero devolvérselo.

Escuché las palabras, pero quería estar seguro de haberlo entendido:

—¿Y cómo traduces eso a la relación sexual?

—Voy a ese lugar donde ella es y me convierto en uno en ella y con ella. Sé exactamente lo que la complace. Rara vez tiene que decirme o guiarme en voz alta, aunque sé que lo está haciendo de una manera distinta. No hay forma de que yo no esté con ella. Y eso convierte todo lo que yo hago en algo perfecto y apropiado.

Para mí quedaba claro que en ese sacrificio mutuo, ellos conectaban con el proceso del ideal romántico. Entonces pregunté:

—¿Qué sucede cuando aparecen las típicas contrariedades humanas?

—Mis contrariedades, mis presiones, mis contratiempos generalmente se disipan. Estoy en un estado de ternura la mayor parte del tiempo.

La imagen para mí era como si la batería estuviera recargada y llena, y que no tuviera fugas. Su definición de la relación lo decía todo: "Juntos logramos la completación total".

La sexualidad y la imaginación creativa

Muchas personas no saben que la fuente de la expresión sexual y la fuente de la expresión creativa se localizan considerablemente cerca en el cuerpo físico. Puede que en ocasiones te hayas expresado sexualmente de forma impulsiva siendo que lo que en realidad querías era crear algo tú mismo. De ser así, la satisfacción proveniente del intercambio sexual tal vez haya durado muy poco, en especial si lo comparas con la satisfacción de expresarte a nivel creativo. La experiencia que nace de la expresión creativa es un proceso de plenitud que dura mucho más tiempo.

El impulso sexual en sí mismo no es lo que ejerce la mayor influencia sobre los seres humanos; más bien es la imaginación. El acto sexual mismo dura un lapso de tiempo limitado, siendo que usualmente gastamos mucho más tiempo pensando en el sexo antes del acto. Ese es el poder de la imaginación.

La fuerza de la imaginación también es una fuerza creativa. Cuando logras dominarla y enfocar tu mente en lo que quieres (y no eres manejado por tus genitales), es cuando estás a cargo de tu destino y de tu vida creativa. Y no hablamos de esto para que renuncies al sexo o te entregues al celibato.

Es simplemente otro punto de vista que te puede servir para colocar al sexo en perspectiva y usarlo como expresión de plenitud, y como una de las muchas expresiones que te proporcionan el cuerpo, las emociones y la mente durante esta corta vida.

SEXUALIDAD Y ESPIRITUALIDAD

La expresión sexual como función es una forma de cariño y de creatividad. La localización del impulso creativo manifestado sexualmente y la localización de la creatividad del Espíritu se ubican en una banda invisible dentro y alrededor del cuerpo, que rodea el área que abarca desde justo por encima del ombligo hasta unos 12 o 15 cm. por debajo de las nalgas, incluyendo los muslos.

Dada la cercanía del impulso sexual y del impulso creativo del Espíritu, la gente puede practicar el engaño espiritual y resultar engañada. Las personas que se dicen espirituales pueden llegar a ser famosas como "atletas de alcoba", y esto podría considerase como una forma inadecuada de utilizar la energía espiritual. Esto no significa que la relación sexual no pueda ser de naturaleza espiritual; sin lugar a dudas puede ser un acto de altísimo intercambio espiritual. Sin embargo, hay personas que seducen a otras en nombre de la espiritualidad, lo que está totalmente fuera de lugar, y por ende, la lección no se hace esperar. En otras palabras, todos estamos sujetos a la ley de causa y efecto.

Es pertinente en este punto explicar el centro psíquico llamado tercer ojo u ojo espiritual. La mayoría de la gente cree que el tercer ojo está localizado en medio de la frente, pero en realidad este abarca tres áreas: la física, la mental y la espiritual.

La parte inferior del ojo espiritual se relaciona con el nivel físico. Los clarividentes pueden ver a través del tercer ojo y usar esa habilidad para un supuesto beneficio propio. Podrían tratar de seducirte sexualmente en nombre de la espiritualidad, ya que pueden ver áreas sexuales vulnerables y usarlas a su favor.

El mal uso o el abuso de la energía sexual te puede llevar a conflictos con las leyes religiosas o espirituales, situación que no es fácil de resolver. La forma de asegurarte de no crear conflictos con esas leyes es siendo honesto. Si expresas lujuria, llámalo lujuria, y no le digas a alguien: "Te amo", cuando cinco minutos después del acto deseas estar solo. Si dices que tu expresión sexual es espiritual y no lo es, tal vez estés cometiendo un "crimen espiritual".

No hay forma de evitar las consecuencias de haber violado esas leyes, y como deben cumplirse, cargas dentro de ti la acción que puede equilibrarlas. Tú eres el juez, el jurado y el verdugo que ejecutan la sentencia de la ley. (Y, eventualmente, también descubrirás dentro de ti la plenitud de Dios, que es la fuente del amor y del perdón total).

Cuando la gente siente la energía del Espíritu puede que la malinterprete como deseo sexual. Aunque la interpretación errónea sea fácil y tentadora, hay formas de trabajar con dichas situaciones.

El empuje espiritual tiene una dirección ascendente y hacia fuera; el movimiento de energía asciende a través del cuerpo y sale a través de la coronilla de la cabeza. El impulso sexual se libera a través del área reproductiva. Si la energía espiritual se libera a través del acto sexual, en particular durante un intercambio sexual que carezca de amor, ésta puede convertirse en creatividad negativa. Puede funcionar como un ancla que te ata a las limitaciones que has creado en este plano físico.

Cuando el impulso sexual se acumula dentro de ti, siempre tienes la alternativa de hacer ascender esa energía a través del cuerpo. Puedes sentir la energía liberándose en la parte alta de la cabeza en vez de a través de los centros inferiores. La mejor elección para ti sería expresar y liberar la energía con integridad, con una pareja en una relación amorosa, y/o hacia los niveles más elevados del Espíritu. Cualquier cosa que hagas es siempre decisión tuya, así como también las consecuencias.

SATISFACCIÓN SEXUAL: LIBERACIÓN DE NEGATIVIDAD

Gran parte de la satisfacción del acto sexual se produce como consecuencia del equilibrio de las polaridades positiva y negativa del hombre y la mujer. El hombre tiene mayor polaridad positiva en su cuerpo y la mujer mayor polaridad negativa en el suyo. Esto no tiene nada que ver con categorías de bueno o malo; sólo describe polaridades opuestas, y como en una batería, ambas son esenciales para hacer que las cosas funcionen.

En el momento de la relación sexual se produce una carga químico-electromagnética entre el hombre y la mujer. Esta carga es la que produce la sensación. Es vital.

Durante el acto sexual el hombre libera su negatividad dentro de la mujer. La mujer recibe esta negatividad y posteriormente la libera durante su ciclo menstrual. En su período menstrual la mujer libera lo que recibió y que no dará origen a una nueva vida.

LAS MUJERES

En la mayoría de las sociedades llamadas "primitivas" la mujer tiene su período menstrual con la misma naturalidad con que se lava la cara, sin embargo en nuestra sociedad "civilizada" hemos convertido un proceso natural en algo mucho más complicado de lo que realmente es.

La mayoría de las mujeres pertenecientes a la cultura occidental han aprendido desde su tierna infancia que dar a luz supuestamente es una experiencia atroz. Algunas han visto películas que lo muestran y otras han leído artículos o alguien les ha contado lo horrible que es. Una joven que recibe información de ese tipo es posible que tenga la reacción instintiva de protegerse y que piense: "Yo no voy a pasar por eso. Es demasiado doloroso".

Entonces, como todos somos "creadores" poderosos, ella podría crear una resistencia contra todo el proceso. Años más tarde, cuando se inicie su período menstrual— que representa la posibilidad de dar a luz—tal vez tenga todos los meses calambres en el abdomen y en la parte baja de la espalda. Esa joven que fue programada para sentir temor a dar a luz, puede tener ahora dificultades para liberar la negatividad durante el ciclo menstrual.

Cuando una mujer tiene un historial de bloqueos de su flujo creativo y de obstrucciones en esa área de expresión al empujar la energía de vuelta hacia el centro creativo, puede que desarrolle muchos problemas en torno a su flujo menstrual. Es posible que ella libere su negatividad sólo parcialmente a través de la función alterada de sus glándulas y que a veces también sienta una marcada ansiedad y aprehensión, que podría expresar en repentinos accesos de ira o de impaciencia, sintiéndose mejor después de liberarlas de esa forma.

Obviamente es más difícil liberar la negatividad cuando los canales normales no están disponibles. Es interesante hacer notar que una mujer no tiene su período menstrual cuando atraviesa el proceso positivo y creativo de la gestación.

Tanto hombres como mujeres pueden expresar resistencia y obstinación por momentos. Las mujeres que experimentan esa condición en relación al proceso creativo también pueden tener problemas de sobrepeso. Al expresar resistencia, empujan la energía hacia los centros inferiores de la creatividad y la reproducción. A medida que la energía es empujada hacia esas áreas, atrae exceso de peso (en el área justo debajo de las costillas hasta la parte alta de los muslos). Las mujeres por lo general suben de peso antes de su menstruación y se sienten congestionadas e incómodas. Con frecuencia, esto se debe a que el patrón de resistencia aumenta la irritación y la negatividad en ese período.

A la mujer le puede costar perder el peso que retiene debido al patrón de resistencia. Las dietas ayudan, pero un cambio de actitud sería mucho más eficaz. El sobrepeso se puede eliminar y los calambres disminuir gradualmente hasta desaparecer, si se cambia la actitud de resistencia por una de aceptación, liberación y capacidad de fluir.

Los problemas tales como calambres, dolor de espalda, sobrepeso, embarazos imaginarios e incluso las histerectomías se pueden evitar o desaparecer teniendo una actitud positiva de aceptación del cuerpo y de sus funciones naturales. Puede ser de gran ayuda el simple hecho de saber esto y tratar de cambiar activamente la expresión que uno tiene por otra más positiva. La primera ley del Espíritu—la aceptación—es también la primera ley del cuerpo físico.

LOS HOMBRES

Los hombres que no liberan la negatividad a través de un proceso de intercambio de energía con una mujer, pueden liberarla de otras maneras. Puede que tengan mucha energía nerviosa y que produzcan un gran derroche de actividad, pero que logren muy pocos resultados.

La masturbación puede ser otra forma de liberación para el hombre. En la masturbación, el poder es menor en la estimulación del pene y mayor en la imaginación, en la fantasía de lo que haría con el pene si la persona deseada estuviera presente. La energía que se libera a través de la masturbación está dirigida a la imagen que él ha creado. Aunque la imagen puede debilitarse posteriormente, al irse involucrando el hombre en otra cosa, la esencia de la influencia permanece junto al que la ha creado, reapareciendo más tarde en su conciencia. Entonces, es muy probable que se masturbe de nuevo. Si el hombre llega a hacerlo lo suficiente, existe la probabilidad de que se quede enganchado en ese tipo de expresión fantasiosa. Como consecuencia, el hombre - casado o soltero - que se masturba mucho, puede que no tenga relaciones sexuales con la mujer tal cual ella es, sino que la moldee en su fantasía como parte del acto imaginario.

Cuando un hombre o una mujer que están casados se masturban en secreto, la otra persona puede pensar ya tuvo un orgasmo. Algunos hombres se masturban intencionalmente antes de tener relaciones sexuales con una mujer para poder dárselas de "gran amante" y retardar el orgasmo. La única dificultad radica en que el hombre que hace esto no tiene una relación sexual amorosa con su pareja sino que es un "actor" teniendo relaciones sexuales consigo mismo, porque su pareja es sólo una audiencia interactiva.

Hay una forma de transmutar esta energía y liberarla de las fantasías pegajosas que se adhieren a su creador. Se trata de elevarse por encima del campo de energía y disolverlo. Un proceso que funciona muy bien es hacer ejercicios espirituales. [1]

Los ejercicios espirituales son realmente mágicos, no a nivel de ilusión o prestidigitación, sino como una expresión que puede cambiar y borrar las energías y las imágenes negativas que pueden estar rondando a la persona. Si una persona mantiene imágenes negativas en medio de la lujuria, no podrá transmutarlas y puede ser manejada por su propia creación.

Pero en cualquier momento de la vida una persona puede tomar la decisión y decir: "Paso" a la influencia de las fantasías negativas. Aquellos que eligen elevarse por encima de la negatividad y regalarse a sí mismos el poder de los reinos superiores a través de los ejercicios espirituales, están en verdad dándose a sí mismos el regalo de la libertad.

Los hombres, y también ciertas mujeres, pueden liberar negatividad a través del uso de drogas y de alcohol. Estas acciones pueden liberar un poco de la energía negativa, pero también es probable que creen problemas adicionales para ellos, lo que indica que esa forma de liberación no es la más constructiva ni la mejor. Los hombres que bloquean el fluir de su energía creativa pueden desarrollar problemas de próstata así como otras complicaciones relacionadas con el área genital.

Dado que los centros creativo y sexual están localizados muy cerca en el cuerpo y a su alrededor, es posible que a veces cuando experimentes el despertar de la creatividad del Espíritu, despierte simultáneamente el aspecto sensual de los órganos sexuales. Puede que entonces pases a la fantasía o a la realidad de la experiencia sexual. Lo que en su origen fue una experiencia creativa se interpreta como deseo sexual, y es posible que el deseo se traduzca en acción. En tales circunstancias, la mayoría de las veces no lograrás

---

[1] Para información sobre los ejercicios espirituales consultar el libro de John-Roger, *Los Mundos Internos de la Meditación*.

satisfacción. Puede que te quedes con la sensación de vacío, sabiendo que algo no está del todo bien.

¿Cómo aprendes a distinguir la diferencia que existe entre el impulso creativo y el impulso sexual? Cuando sientas lo que parece ser un impulso sexual, exprésate creativa y/o espiritualmente, dejando la energía sexual "en espera" por un rato. Con el tiempo podrás diferenciar entre estos dos impulsos, parecidos pero distintos, y te expresarás de una forma mucho más beneficiosa para ti, lo que redundará en un mayor bienestar y equilibrio.

Cuando el instinto sexual se reprime o si está generando culpa o insatisfacción, puede que se traslade hacia el área del estómago o de los intestinos, así como a los hombros, el cuello y el rostro. Entonces, se pueden presentar espasmos musculares, el rostro llenarse de sarpullidos y ciertos sectores del cuello inflamarse y producir dolor.

A veces, cuando una pareja tiene relaciones sexuales, y el marido no es un amante sino una máquina que completa su acción mecánica antes que la mujer, ella puede resentirse o satisfacerse por su cuenta, tal vez experimentando culpa o confusión, porque cree que el acto sexual debería ser un acto de unidad que los eleve a ambos. La visión de unidad sólo es posible si las dos personas están dispuestas a manejarla con honestidad y deponiendo a sus egos.

El hombre debe ser lo suficientemente inteligente como para aprender a amar a la mujer que ama, tal como ella necesita ser amada para sentirse satisfecha. Es importante que él se comunique con su amante y que las cosas se aclaren para que funcionen.

Durante el acto sexual dos personas se reúnen en una relación que es la más estrecha posible al nivel físico. Los dos asumen la responsabilidad consigo mismos y con el otro de que al estar juntos expresarán tanto amor, comprensión, consideración y libertad como les sea posible, para que puedan convertir la expresión sexual en una experiencia gozosa y satisfactoria para ambos.

ACTITUDES SEXUALES

La gente ha sido condicionada para tener diferentes puntos de vista en relación al sexo. Algunos lo ven como necesario para poder tener bebés. Otros aducen un dolor de cabeza para evitar el sexo; no sólo las mujeres, sino por ambos lados. Algunos hombres se han vuelto complacientes, están extenuados y hasta se sienten aburridos, especialmente cuando se trata de matrimonios prolongados.

Hay mujeres que tienen relaciones sexuales porque es parte de sus obligaciones maritales, pero no las disfrutan. Éstas reciben con desgano el cuerpo de sus maridos sin entregarse realmente. Algunos hombres realizan el acto sexual sin ninguna consideración, cuidado, cariño ni sensualidad. Otros, ven el acto sólo como una liberación y actúan en consecuencia.

Algunas personas consideran que ciertas partes de sus cuerpos quedan prohibidas: "No besar ni tocar eso", "¡Es mejor que no hagas eso!", "¡Eso realmente me enfría!" "Eso" que dices que te enfría tal vez sea el resultado de un juicio que adquiriste antes de convertirte en un adulto y esa actitud nada tiene que ver con la pasión y el cariño expresados en el acto sexual.

Con seguridad has leído bastantes libros y artículos en revistas y visto suficientes películas e imágenes como para conocer algunas de las variantes en la expresión del acto sexual, llámense diferentes posturas, sexo oral o físico, o las diversas manifestaciones que puede tomar el acto sexual.

Si para ti existen algunos "noes" o sientes rechazo en torno a la expresión sexual, es conveniente que lo examines para estar seguro de que no te estés negando al amor. Desde luego que no estoy diciendo que no debieras tener opciones y preferencias en esa área. Si algunas expresiones te causan incomodidad física, por supuesto que tienes la opción de no participar. Sin embargo, si te causan incomodidad debido al condicionamiento cultural, tal vez quieras revisar la situación. Podrías estar imitando la experiencia de otra persona, lo que tiene muy poco que ver con tu propia expresión sexual, amorosa y espontánea. Tal vez estés representando actitudes limitantes del tipo de: "Una verdadera dama no haría eso" o "No puedo permitir que el padre (o la madre) de mi hijo me haga eso" o "¡Eso es repugnante!"

Lo repugnante para algunos puede ser la única forma para otros. Si te restringes con condicionamientos culturales, sociales, de tus padres o de género, tal vez estés limitando también tu relación. Con amor puedes traspasar los condicionamientos del pasado y expresarte con libertad, manteniendo una relación con tu amante directa, espontánea y actual.

El acto sexual no necesita surgir de condicionamientos del pasado y tampoco de juicios mentales o de tu ego. El acto sexual necesita surgir de tu corazón. Cuando es así, el resto del cuerpo lo sigue, desde la cabeza hasta la punta de los pies, incluido todo lo que hay entremedio.

Entregarte y recibir a tu pareja puede ser una expresión de libertad gozosa, no necesariamente como lo muestran los libros o las películas, sino de la forma que aflore espontáneamente mientras estás expresando amor.

Expresa amor y experiméntalo como si tu pareja fuera el ser más preciado del planeta. Y si no lo es ¿qué estás haciendo con esa persona?

¿EXISTE UNA MORALIDAD SEXUAL?

Existe una moralidad sexual creada por los seres humanos que varía según género, nación, costumbres, cultura y era. En los Estados Unidos, entre los años 1930 y 1940, había una doble moralidad hacia el sexo: "Las niñas buenas no lo hacen hasta cuando se casan", pero simultáneamente existía la actitud tácita que permitía que los hombres lo hicieran antes de casarse "pero no con una mujer a quien respetas".

Después de la II Guerra Mundial, la conducta sexual evolucionó haciéndose más permisiva, tolerante y expresiva, a medida de que el control de la natalidad se hizo más común y que las condiciones económicas mejoraron, permitiendo que el divorcio fuera menos condenable. Todos esos factores influyeron sobre la mentalidad en relación a la conducta sexual.

Luego vinieron los años 60 y 70, período marcado por profundos cambios políticos y culturales en los Estados Unidos. El péndulo se alejó de los estándares dobles enfilando hacia una libertad supuestamente total, manifestada en asesinatos, la guerra en Vietnam, acceso a las drogas y uso indiscriminado de ellas y de la píldora anticonceptiva. (Si digo "supuestamente" es porque la libertad sin responsabilidad a menudo conduce a la anarquía en vez de a la satisfacción). En los años 80, 90 y entrando en el nuevo milenio, el péndulo ha comenzado a oscilar de vuelta. Agotada la promiscuidad de los años 60 y 70, tanto hombres como mujeres han comprendido el gran valor que tiene el sexo como expresión única y concreta, como experiencia de amor y no de lujuria. Este reconocimiento parece ser muy oportuno, ya que los 80 también produjeron, a través de la actividad sexual, enfermedades extremadamente contagiosas como el herpes y otras bastante más peligrosas.

Muchos hombres han dejado de ser machos depredadores en busca de una presa sexual. Muchos de ellos han abandonando la promiscuidad sexual y comienzan a darse cuenta de que el acto sexual no es para alardear sino para compartirse sobre una base más profunda.

Las mujeres que se habían mantenido en el extremo opuesto de la doble moralidad, descubrieron que durante los 60 y 70 podían permitirse la expresión sexual sin ser estigmatizadas. A mediados de los 80 empezaban a asumir una posición más radical, de que hacer el amor en forma casual era poco satisfactorio. En la actualidad, por primera vez en muchas décadas, algunas mujeres (y algunos hombres) empiezan a practicar una forma de abstinencia y celibato, no como algo restrictivo sino como una expresión positiva. Entonces, por lo general cuando eligen hacer el amor, la expresión es mucho más profunda.

Una vez que se ha tomado la decisión, la expresión sexual en sí no tiene restricciones intrínsecas, aunque por lo general está influenciada por estándares culturales, personales y de género que van cambiando con el tiempo. Existen muchas formas de conducta sexual y ninguna es necesariamente ni buena ni mala. En el Espíritu no parece existir una moralidad, ni tampoco formas correctas o equivocadas de expresar la sexualidad. La moral es un aspecto de la sociedad. Hombres y mujeres eligen su propia moral, la que varía de acuerdo a la cultura, edad, género y época histórica.

En esta época en especial, estamos más conscientes de que existe la bipolaridad, y que una persona lleva consigo tanto energía masculina como femenina. Esta conciencia andrógina está despertando en mucha gente. Puede que las personas que tengan esta conciencia sientan o no el impulso de expresarse sexualmente. Tal vez no necesiten expresarse sexualmente, dado que ya poseen una forma de equilibrio de ambas energías positiva y negativa. Sin embargo, dichas personas pueden llegar a expresarse sexualmente con plenitud a nivel emocional, casarse y tener familia, asumiendo una expresión confortable y amorosa.

Algunas personas que poseen una conciencia andrógina pueden expresarse de forma heterosexual, homosexual o bisexual. En el rango de las expresiones sexuales tienen muchas opciones. También tienen la alternativa de mantener el equilibrio de su energía creativa usando la energía para elevarse hacia los niveles más altos de conciencia. Las personas de polaridad predominantemente masculina o femenina también tienen esta opción, pero a la persona andrógina le resulta más fácil hacerlo, especialmente cuando entiende y aprende a trabajar con su propia naturaleza.

¿Existen las desviaciones o perversiones sexuales? Personalmente prefiero no clasificar ni juzgar a nadie, aunque desde luego existen categorías clásicas como: voyeristas, ninfómanos, fetichistas, travestis, hermafroditas, transexuales, etc. Y también existen los homosexuales y los heterosexuales.

Yo no estoy a favor de que nadie imponga sus preferencias sexuales sobre los demás. Sin embargo, a nivel espiritual pareciera no existir un código moral en esa área. Es a través de la negatividad, en primera instancia, que hemos juzgado moralmente tales expresiones. La situación se equipara a la de los jóvenes a quienes se les dice que si se tocan los genitales se van a volver locos o van a quedar ciegos.

Cuando te elevas por encima de los niveles negativos del cuerpo, puedes experimentar una liberación inteligente en este mismo momento. En esa inteligencia puedes disfrutar los niveles inferiores con menores probabilidades de quedarte atrapado en ellos.

Aun así, eso no te da licencia, así que tienes que ser sensato respecto a tu expresión sexual si no quieres crear desequilibrios que a la larga tengas que arreglar.

En el Alma no hay indicaciones morales. Sólo existe la pureza de la esencia de Dios. En esa esencia no hay moralidad. Simplemente se es.

Sexo sin expectativas

Sugiero que no te quedes confinado a los roles tradicionales de género en donde la mujer es receptora y el hombre proveedor. Esto puede ser muy hermoso, positivo y amoroso, pero en ciertos momentos, las cosas pueden darse a la inversa, y también ser muy hermosas y positivas, en tanto el amor esté presente. Existe una parte femenina en el hombre que lo faculta para recibir, y una parte masculina en la mujer que la hace capaz de dar. No te comprometas con ningún rol, excepto con aquel que aflore espontáneamente.

Mantente en el momento presente. Eso significa que no hagas cariño ni te expreses sólo por conseguir un determinado estado, resultado o situación en el futuro. No te preocupes de la popularidad, eso déjaselo a los programas de televisión. No gastes energías en hacer un recuento de la cantidad de orgasmos que tuviste, del tiempo que duraron y de la última vez que hiciste el amor, y tampoco en ningún otro tipo de catastro. Sé un amante y no un contador.

Saliendo de tu corazón amoroso, exprésate con cada parte de tu cuerpo tal cual eres en ese momento en particular. Si un gesto en específico te complace, expresa tu deseo de que quieres más de eso o menos, o lo que sea que quieras, mediante sonidos y movimientos, en tanto estés respondiendo en el aquí y el ahora.

Lo que suceda en términos de expresión cuantitativa y cualitativa se va a llevar a cabo a su propio ritmo amoroso. Tal vez te prives a ti o a tu pareja del placer amoroso intenso del momento si enfocas tu energía consciente en un resultado a futuro.

La expresión sexual puede variar con cada momento. Si intentas repetir el éxito de ayer, es posible que experimentes un fracaso hoy.

Cuando la expresión sexual proviene de un corazón amoroso y se expresa través del cuerpo como ahora, ahora y ahora, todo y cualquier cosa puede ser parte de un acercamiento exitoso.

La gente se expresa de muchas formas durante el acto sexual. Algunos lloran al amar, ríen al amar, observan al amar, toman la iniciativa al amar, son pasivos al amar, son primarios e instintivos al amar, son completamente tontos y ridículos al amar. Cualquiera de esas expresiones es válida si surge del amor.

Hace mucho tiempo le compré a mamá una hermosa vajilla china, bien cara. A ella le encantó y dijo: "La voy a guardar para ocasiones especiales". A mi eso me tenía sin cuidado así que le dije: "Compré esta vajilla para que tú y papá coman en ella todo el tiempo, porque ustedes son una ocasión especial".

Lo mismo se aplica a ti y a tu amado compañero. Ustedes dos son especiales. Eso no significa que no puedas ser espontáneo; te invito a que lo seas. En tanto el amor esté presente, y mientras más tiempo puedan permanecer en el aquí y el ahora, la expresión sexual será más vivaz para ambos.

A veces el hombre tomará la iniciativa; a veces lo hará la mujer. Puede que a veces hagas el amor en la cama, otras en el tapete. Habrá ocasiones en las que hagas el amor durante una hora; otras, sólo durante 20 minutos. Algunas personas prefieren hacer el amor en la noche, otras en la mañana. Lo que importa es que hagas el amor amando.

Relaciónate con la persona especial y única que eres tú y con la persona especial y única que es tu compañero. Dense y recibanse mutuamente como si lo hicieran por primera vez, porque en realidad cada vez será la primera vez, en tanto expresen el amor que existe dentro de ustedes en ese momento.

EL SEXO, DIOS Y EL EGO

El amor es de Dios. Estamos inundados por el gozo y el amor de Dios cuando nos relacionamos con cuidado y consideración con las cosas y la gente que nos rodea. Cuando no tratamos las cosas de esa forma, tal falta de cuidado puede bloquear nuestra conciencia de la energía amorosa y omnipresente de Dios. Es casi como si hubiéramos creado una situación en la cual Dios no les diera perlas a los cerdos. La falta de cuidado por lo general se manifiesta en esa pocilga de negatividad como juicios que acumulamos sobre los demás. Esto puede ser especialmente evidente en las expresiones íntimas que ocurren en la cama.

Aparte del acto sexual, parte de la intimidad en el lecho es dormir juntos, algo que por lo general la gente da por sentado. De hecho, dormir juntos es una demostración de confianza muy íntima, aunque en ocasiones hayamos abusado de ese íntimo confort.

¿Cuántas veces has yacido en la cama lleno de ira pensando que la persona a tu lado está "equivocada" aunque no lo quieras admitir? Aparte de tu recta indignación, el sabor amargo en la boca, la sequedad de la garganta y la tensión en el estómago, ¿qué más sacaste de eso? Tenías la posibilidad de circunvalar tu recta indignación.

Tal vez contestes: "Traté; es decir, si ella simplemente hubiera admitido que estaba equivocada, todo se habría arreglado". A lo que yo replicaría: "No hablo de esa forma de tratar. Así sólo perpetúas el juicio".

Otra manera de responder podría ser: "Lo habría dejado entrar si él no hubiera sido tan presuntuoso y arrogante".

Y yo diría: "Eso no sería entrar; eso sería dejarlo afuera en la cárcel de los juicios donde lo colocaste". Si estás dispuesto a dejar a tu ego de lado, existen otras maneras.

¿CÓMO LO HAGO?

Cuando tu amante esté acostado allí en la cama, retira suavemente las sábanas, siéntate a sus pies y masajéale la planta de los pies. Al hacerlo di algo así: "No me gusta estar separado de ti. Ya no me interesa quién tiene la razón o no. Todo lo que sé es que te amo y que me importas. Por favor, perdóname".

A esta sugerencia, la persona podría reaccionar de la forma tradicional: "¿Que yo tendría que pedirle perdón? Si ella es la que está equivocada". Otro podría responder: "¿Masajearle los pies? ¿Después de lo que me dijo?" Lo mejor que podrían hacer ambos es mandar el ego y su falta de conciencia a paseo.

Ten cuidado de no seguir apuntando con tu pistola y de quedarte atrapado en el destino de un pistolero; créeme, siempre va a haber una nueva relación esperando a la vuelta de la esquina para que mates o te maten en el duelo de lo incorrecto.

Si tu deseo es vivir con alguien dándose apoyo amoroso, cuidadoso y cariñoso, te sugiero que trasciendas al ego y elijas ese momento de ternura. Tú conoces a tu compañero mejor que yo. ¿Le gusta que le soben las sienes? ¿O le gusta que le masajeen la espalda, justo allí en ese lugar en la espalda, que queda detrás del corazón?

Conozco a una pareja que se limpia la piel de impurezas uno al otro. A algunos eso podría parecerles asqueroso, pero en el caso de esta pareja en particular, son como simios amorosos, aseándose y calmándose en un proceso que los une físicamente.

Cualquier lugar que produzca placer sensorial es el lugar indicado para tocar con la energía de la amor. Cuando lo hagas, tal vez terminen haciendo el amor o no. No importa, porque lo que se está expresando es amor. Si te inclinas sobre tu pareja, la besas suavemente y le dices: "Buenas noches, mi amor", esa expresión de amor podría florecer en la mañana.

Cuando el amor se incorpora al sexo, Dios y tú pueden ser uno.

3

LOS HIJOS

Los hijos son en verdad las creaciones del amor de Dios. Cuando nacen, vienen a este planeta con la misión de aprender a dar y recibir amor incondicionalmente. Desafortunadamente algunos adultos lo olvidan y en ocasiones se relacionan con los niños como si fueran esclavos sordos y tontos; como si no tuvieran inteligencia, sensibilidad o sentimientos. He escuchado a muchos adultos decirle a un niño "cállate" en vez de decirle "te amo". He visto cómo muchos adultos le dicen al niño: "Siéntate aquí y no digas nada" en vez de escuchar su punto de vista. He escuchado a los adultos decir: "Haz esto" y cuando el niño pregunta el por qué, responden "¡Porque yo lo digo!"

Con frecuencia los adultos tienen dificultades para expresarle amor a los niños porque ellos mismos no están en contacto con su propia capacidad de amar. Y es posible que esos adultos tampoco recibieran cuidado y consideración cuando eran niños. El ciclo de dolor e ignorancia se puede traspasar de generación en generación según el comportamiento de los padres con sus hijos.

Algunos de los primeros recuerdos conscientes de los niños corresponden a indicaciones negativas tales como: "No hagas esto. No hagas aquello". A veces, a los padres les resulta más fácil negar a los niños que afirmarlos, y por eso les sale más rápido decir que no en vez de sí. Son más propensos a ser impacientes y críticos que a aceptar y expresar: "Hazlo lo mejor que puedas". Con frecuencia les resulta más fácil enfocarse en lo malo que decir: "Lo estás haciendo muy bien".

Ejerciendo su responsabilidad, los padres tienden a dominar y a manipular la conciencia del niño.

Por ejemplo, en algún momento la mayoría de los padres ha insistido en que el chico se coma todo lo que hay en el plato, le guste o no.

Seguramente los padres no tienen conciencia de que, por lo general, el niño sabe si la comida se adecua a su patrón de nutrición o no. A veces los bebés tienen una sintonización muy fina en relación a las funciones y necesidades de su cuerpo.

Se requiere que el padre esté abierto y atento para que pueda captar los mensajes del niño, en particular si el niño aún no se comunica en un lenguaje que los adultos sean capaces de entender. Pero no te equivoques: los niños tienen una forma de comunicación rápida y concisa. Ellos reciben y envían comunicación desde niveles que los adultos puede que hayan olvidado hace mucho tiempo.

Conozco a un niño que estaba completamente sintonizado con los estados emocionales de sus padres. Por ejemplo, si la mamá se había molestado por una conversación telefónica con un pariente cercano, el niño que estaba en una habitación al otro extremo de la casa se despertaba y lloraba. El llanto era una forma de empatía con la molestia de la madre.

Conozco a otro bebé de cuatro meses, cuyo padre trabajaba fuera de la ciudad y sólo venía a casa los fines de semana. La primera noche de un fin de semana el niño despertó llorando cada diez minutos. La mamá se sentía exhausta de cuidar al niño todo el día y necesitaba dormir. El papá lo entendió y expresando su amor, colocó un cobertor cerca de la cuna del niño y durmió allí. Cada vez que el bebé despertaba, él murmuraba: "Todo está bien, bebé. Aquí estoy yo". Se produjo una comunicación de empatía entre los dos y finalmente todos durmieron bien. Lo importante es que se despertaron sintiéndose amorosamente cercanos y unidos como familia.

Sé de un padre en particular que acostumbraba respetar el conocimiento natural de su hija cuando ella se rehusaba a comer comida para niños durante sus primeros diez meses de vida. Aunque los padres se preocupaban, siempre uno de los dos de alguna manera se sintonizaba y decía: "Pero mírala, está saludable. Nunca se enferma. Está feliz. Entonces qué más da si lo único que quiere es leche. Ella misma nos va a comunicar cuando quiera comer alguna otra cosa".

Ellos se ponían en sintonía y respetaban la conciencia de la niña. Esta bebita creció y se convirtió en una jovencita saludable, vital y energética. Pero por lo general, la mayoría de los padres usan la responsabilidad que tienen y la incapacidad para comunicarse del niño como autorización para manipular y controlar, en especial, los hábitos alimenticios del niño.

Un padre puede dictaminar: "Ahora te comes todo. Quiero ver el plato limpio antes de que te levantes de la mesa". Los niños que han obedecen por temor a la desaprobación tal vez se fuerzan a comer todo, y a veces esa manera de alimentarse se convierte en una forma de conseguir aprobación. El inconsciente del niño se hizo cargo de su responsabilidad de dejar el plato limpio. Esta programación del niño puede pasar a su etapa adulta y como adulto tal vez siga comiéndose todo lo que hay en el plato. Por temor a perder el amor y la aprobación, un niño obediente puede convertirse en un adulto obeso.

Si un jovencito no se comporta de acuerdo a las expectativas establecidas por los padres, por lo general, los padres hacen demostraciones de retirarle el cariño. Al pretender que le retiran el amor al niño ejercen su control, y le exigen al niño que se comporte de acuerdo con los deseos de ellos para que pueda recibir amor. Eso se llama chantaje emocional y puede resultar una programación desastrosa para un niño a quien supuestamente uno ama.

Si deseas que tus niños crezcan y progresen como seres humanos amorosos y constructivos, te sugiero que no les enseñes esta forma de manipulación. Una de las últimas cosas que querrías que ellos aprendieran sería que esa técnica—de dar amor y luego retirarlo—es una estrategia valiosa. Hacerlo sería un nuevo caso de ignorancia de los padres que se impone sobre los hijos.

Mi definición de pecado es simplemente una equivocación, un acto de ignorancia. La oportunidad que tú tienes es de aumentar tu conciencia para poner término al comportamiento ignorante de las generaciones previas. Comienza contigo mismo. Puedes tratar a tus hijos proporcionándoles a ellos el cuidado, la dignidad, el respeto y el interés amoroso que quieres para ti.

Los niños son seres humanos completos. Lo que sucede es que simplemente son pequeños y tienen menos experiencia física en este nivel. No son tontos, son sólo menos experimentados. ¿Recuerdas la primera vez que condujiste un auto con cambios mecánicos? El auto dio saltos bruscos, porque le inyectabas mucha o muy poca gasolina; el motor se apagó y por poco ocasionas un accidente cuando trataste de estacionarte en reversa. Y no fue porque eras más tonto que tu instructor. Sólo tenías menos experiencia.

La relación con tu hijo puede tornarse aún más amorosa si consideras la posibilidad de que tú y tu hijo acordaron un contrato relativamente corto para una relación de instructor y estudiante. (No de juez, jurado o verdugo). Puedes ser un instructor paciente y amoroso con tu hijo/estudiante, y a veces también puedes convertirte en el estudiante con tu hijo/maestro.

Existen entrenadores de circo que doman a tigres y leones salvajes con cariño y recompensas, y los animales responden a esto maravillosamente bien. Creo que nuestros niños merecen por lo menos el mismo trato. Es muy posible que el resultado sea una relación dichosa, en la que tanto el padre como el hijo salgan ganado.

Ser un padre consistente

No estoy sugiriendo que en nombre del amor permitas que tus hijos tengan o hagan todo lo que quieran. En realidad eso no es amor, podría tratarse más bien de pereza o indulgencia. Una parte importante del amar es fijar reglas y ayudar a tus hijos a que las cumplan.

Necesitamos tratar a los niños de acuerdo a su nivel de percepción. Entre adultos podemos ser flexibles y cambiar nuestros puntos de vista y nuestras actitudes hacia las cosas muchas veces. Mientras los adultos pueden aceptar, tolerar e incluso acomodarse, el niño tiene una percepción más limitada.

Conocí a una madre que se relacionaba con su hijo de una forma inconsistente. Digamos que su tolerancia variaba mucho: en un momento tenía buena disposición y al siguiente demostraba un temperamento violento y se enfurecía. Por ejemplo, cuando el niño estaba viendo televisión ella le decía: "La comida está lista". Él respondía: "Dame un momento hasta que empiecen los comerciales". Ella esperaba uno o dos minutos y luego decía: "Ven, la comida está en la mesa". Él repetía: "Espera un minuto hasta que empiecen los comerciales". Ella parecía entender, se reía entre dientes, iba adonde él estaba, lo besaba y lo llevaba a la mesa diciendo: "Vamos ya, mi amor".

A la noche siguiente ella decía: "Ven a **comer**". Él respondía: "Espera un minuto". Sin embargo esta vez ella iba, lo agarraba del pelo, lo llevaba a la **fuerza** a la cocina, lo sentaba y gritaba: "¿Cuántas veces **tengo** que decírtelo?"

El niño nunca sabía cómo ella iba a reaccionar. Una noche su madre aceptaba que él se demorara en venir a la mesa y a la noche siguiente no le daba tiempo ni de respirar.

Esta madre no trataba al niño de acuerdo a su nivel de conciencia, y es importante que los padres hagan esto si quieren ayudar a sus hijos a progresar en su crecimiento, comprensión y responsabilidad dentro del plan y destino que les ha correspondido.

Tus hijos tienen su propio sendero de vida, que puede ser completamente distinto al tuyo. Acéptalo tal como es y apoya a tus niños en su aprendizaje. Una manera de hacerlo es fijar reglas consistentes basadas en el amor, y desde luego, obedecerlas.

SER UN PADRE PERFECTO

Por lo general los niños se sienten bastante inseguros con los adultos cuando no saben si estos les van a pegar o los van a besar. Y eso sucede porque a menudo nosotros los adultos, vacilamos. Con frecuencia somos inconsistentes dentro de nosotros mismos, y adentro es donde todo comienza. Nuestro comportamiento externo es sólo el reflejo de nuestro equilibrio o falta de equilibrio interno.

Examínate como padre. ¿Por lo general eres consistente con tu hijo? ¿O existen muchos días en los que te sientes infeliz con tu vida de adulto y permites que eso afecte la forma en que te relacionas con tu hijo?

¿Y qué sucede cuando la lavadora se daña y el agua del refrigerador empapa la alfombra o recibes una cuenta de teléfono por llamadas que nunca hiciste?

¿Te enfureces y te desquitas con cualquiera que esté cerca de ti, incluido tu hijo?

¿Y qué pasa cuando regresas a casa decidido a abandonar tu trabajo porque tu jefe se comporta de forma absurda, pero te encuentras con facturas que te hacen tomar conciencia de que necesitas quedarte con el trabajo? ¿Ignoras a todo el mundo, incluido tu hijo?

Aunque tu hijo no haya causado desarmonía alguna, ¿lo tratas como si fuera parte del problema?

Cuando estás molesto por algo no es necesario que te comportes como si todo estuviera bien. Puedes admitirle a tu hijo que estás atravesando por una situación complicada. Puedes compartir con él, de manera muy simple, contándole que tienes que resolver ciertos problemas. Sería mucho más beneficioso para ti y para tu hijo que fueras honesto a un nivel que el niño pueda entender.

No es necesario que compartas todos tus conflictos ni tu amargura, pero puedes demostrarte como un ser humano con dificultades normales, en vez de exhibirte como si fueras perfecto.

Fácilmente podrías decirle: "Cariño, estoy tratando de resolver un asunto que no tiene nada que ver contigo. Sólo necesito un momento a solas". Sería mejor tanto para el niño como para ti si compartieras honestamente. Podrías decirle: "Mi amor, me siento un poco confundido hoy; te ruego que sepas que te amo a pesar de que me muestre algo impaciente". Tal vez el niño no entienda todas las palabras pero recibirá tu compartir en un nivel que es importante para él. Cuando compartes tu vulnerabilidad humana, tu hijo siente que también él puede no ser "perfecto".

Desde luego que siempre existen los padres que asumen una postura de rectitud y autoritarismo. Su actitud transmite: "Yo soy perfecto y tú, hijo, en tu imperfección siempre lo estás enredando todo". Sin embargo, la verdad es que ni los padres ni los hijos son perfectos. Se enseñan entre sí las lecciones necesarias para crecer. Si estás inundado de ira, frustración o alguna emoción negativa intensa, tus oportunidades de crecimiento son menores pues el progreso y el crecimiento se desarrollan en un ambiente de amor.

¿De qué manera te relacionas con tus hijos en la vida cotidiana? ¿Usas a la televisión de niñera y los mandas a ver televisión en vez de jugar con ellos? ¿Y luego cuando están frente al televisor les gritas: "Ya son las diez, vete a dormir. ¡Rápido!"? Entonces, el niño corre a la cama, solo, tal vez sintiendo que hizo algo malo, porque su papá le gritó con impaciencia, con ese tono de voz de algo-anda-mal-contigo.

Tal vez esa forma sea eficaz para enviar a los niños a la cama, pero no ha salido de una conciencia amorosa. Uno de los momentos más importantes para los niños es justo antes de irse a dormir. También las mañanas cuando despiertan son importantes, así como la hora de las comidas. Si haces un esfuerzo y te expresas con consideración amorosa durante dichos momentos, estarás apoyando a **que** tu hijo se convierta en un ser humano amoroso.

Tómate el tiempo para llevar a tu hijo a la cama, arrópalo bajo las cobijas y conversa con él; es un privilegio amoroso para ambos. Para algunos padres ésta es una idea revolucionaria: "¿Hablar con mi hijo? ¿De qué?"

Qué tal preguntarle: "¿Qué hiciste hoy que te gustaría volver a hacer mañana?" Si planteas la pregunta con amor y atención, las respuestas de tu hijo te pueden sorprender e incluso a deleitar. Este intercambio amoroso le puede ayudar a tu hijo a que deje ir cualquier dificultad que haya experimentado durante el día, haciendo borrón y cuenta nueva para la mañana siguiente.

¿Cómo reaccionas cuando tu hijo te dice: "No quiero irme a dormir"? Algunos padres le gritan: "No me interesa. Vete a la cama y cállate". Sin embargo hay otra opción. Le puedes decir a tu hijo: "No tienes que dormirte. Sólo dije que te fueras a la cama. Ese momento es especial porque puedes estar solo e inventar historias y canciones y dibujar imágenes en tu mente. En tu cama tienes un mundo propio. En el calorcito de la cama, con las luces apagadas, puedes crear un lugar maravilloso".

En otras palabras, no tienes necesidad de castigar o de ser exigente. Puedes apoyar a tu hijo presentándole lo que le estás pidiendo como una experiencia positiva y especial. Lo mismo se puede aplicar a las tareas, a la limpieza y a todas esas actividades que normalmente no les gusta hacer a los niños. Apóyalos mostrándoles las opciones positivas en vez de asumir permanentemente un rol de regaño.

Parte del amor es crear una atmósfera de libertad y enseñarle al niño que la libertad implica responsabilidad, y darle también al niño todo lo necesario para que desarrolle su propio corazón amoroso. A veces se le llama disciplina, y ésta puede generar la libertad para ser más amorosos dentro de una familia feliz. Los hábitos buenos se pueden enseñar y también se pueden fomentar las elecciones amorosas.

¿De qué manera enseñas y fomentas? Las palabras ayudan, pero no son la herramienta más importante para enseñar. El amor es el instructor más grande que existe. Conozco a una persona a quien le encanta cocinar y mientras cocina y sirve la comida vive una experiencia de amor. Hay una diferencia notoria entre la comida que prepara esa persona y la que preparo yo. Y es porque a mí no me deleita tanto cocinar como a ella. Aunque sólo sea cereal con leche, cuando ella lo sirve, la energía amorosa realmente se nota.

Lo mismo sucede cuando "cocinas" para un niño; si lo haces con alegría amorosa, la información le va a saber mejor al niño y podrá digerirla con mayor facilidad.

Desde luego que estamos generalizando, y como en la mayoría de las generalizaciones, éstas irán funcionando a medida que las pongas en práctica. Por supuesto que habrá ocasiones en que la condición infrahumana asome su débil cabecita en que tanto tú como el niño se comporten con impaciencia. Eso estará bien en tanto tú lo declares. Puedes darte a ti mismo y a tu hijo la libertad de pasar por los altos y bajos del proceso de aprendizaje. Tu hijo apenas comienza a crecer y a aprender, y aunque no lo creas, tú tampoco has terminado tu proceso de aprendizaje. A través de tu vida puedes aprender tanto en los niveles externos como internos. Y como tienes mayor experiencia, por un tiempo breve vas a estar a cargo—a cargo de dirigir, de estimular, de animar, de exhortar, de disciplinar y de amar a tu hijo todo el tiempo.

Está claro que habrá ocasiones en que tu hijo ponga a prueba tu paciencia, pero jamás la podrá llevar al límite, porque de hecho tu amor puede entregar toda la paciencia que se necesite en todo momento. Recuerda que un aspecto del amor es saber decir no, a veces. No estoy defendiendo el ser permisivo bajo la apariencia de amor. Estoy defendiendo el amor bajo la apariencia de amor. Estoy postulando el punto de vista de que tu hijo puede ser una fuente de diversión para ti, en vez de juicios. Tu hijo puede ser una ayuda, alegría e inspiración para ti así como tú puedes serlo para él.

Cuando no tengas que estar a cargo, evítalo. Si el niño se esconde debajo de las sábanas y tú dices: "Sal de ahí. Vamos, sal de de allí abajo" y el niño no sale, a pesar de eso puedes hablar, tocar y reír a través de las sábanas. En tanto no cree un riesgo para el niño o se rompa algún acuerdo que los dos hayan hecho, permítele al niño que se exprese aunque su forma de expresarse sea diferente a la tuya.

Es posible que haya muchas oportunidades en que le pidas algo al niño y que él te deje bien en claro que no comparte tu idea. Si comienzas a impacientarte e irritarte, pregúntate: "¿Le estoy pidiendo a mi hijo que haga esto para hacer mi voluntad desde mi ego o porque es necesario?" Algunos padres se quejan: "Mi hijo pasa por períodos en los que no quiere hablar. Se pone de mal humor y quiere estar solo". Y eso, ¿qué tiene de malo? ¿No has pasado tú por épocas así? Recuerda que los niños son seres humanos, sólo que son más pequeños de tamaño y de alguna forma con una experiencia física limitada.

Si lo que tu hijo hace o deja de hacer puede provocar daño físico en ti o en los demás, desde luego que es tu responsabilidad evitarlo de la manera más eficaz y rápida que se te ocurra. Si tus hijos hacen caso omiso de algún acuerdo, es responsabilidad tuya también recordarles que deben atenerse a él. Enséñales el valor de obedecer pautas acordadas o en su defecto, de renegociar otras nuevas. Si no lo haces, puede que tu hijo crezca y se convierta en un adulto que no respeta las pautas establecidas por los adultos, incluyendo las leyes.

Un crítico de teatro inglés dijo una vez: "El teatro debiera estar dirigido por un comité conformado por tres personas, dos de las cuales deberían estar siempre ausentes". Esto se puede aplicar a una familia de padres e hijos. En ella todos tienen derecho a voz y a expresar su punto de vista, independientemente de la edad o condición en que estén. Pero cuando llega el momento de votar, implementar y poner en práctica las decisiones, nos enfrentamos a una situación en donde "dos de los cuales deberían estar siempre ausentes". En este caso, el adulto, los padres, aquel que está a cargo, es el que vota. (Cierta vez escuché a un adolescente que objetaba esto y llamó a su padre "dictador". El padre sonrió y dijo: "Sí, pero un dictador benevolente").

En una familia no se aplica la regla de la mayoría democrática. Y no es que esté a favor de que se discrimine a los jóvenes; simplemente sé que una persona de 34 años de experiencia cuenta con mucha más información para tomar una decisión que alguien que sólo tiene 14 años. Por supuesto que hay excepciones a la regla, como cuando alguien de 17 años, por ejemplo, puede ser más sensato que alguien de 42 ("y un niño los guiará"), pero en general hablo de la familia promedio.

Ten por seguro que el proceso de criar niños te va a poner pruebas. Va a estirar tu paciencia y a activar tu imaginación.

Tal vez haya ocasiones en las que decidas estar de acuerdo con tu hijo aunque su petición te parezca incorrecta con el sólo propósito de que aprenda una lección, en tanto no corra algún peligro o se haga daño.

Al mismo tiempo, no conviertas el desorden de tu hijo en un crimen de estado Si el niño comete errores en la escuela o en la casa, entiende que cometer errores es parte del aprendizaje.   Si el niño hubiera nacido perfecto, tú no serías necesario.   Que le quede claro al niño que está bien cometer errores, desde olvidar la respuesta en un examen hasta derramar la leche.

Si aceptas que tanto hacerlo bien como cometer errores está bien, probablemente tu hijo no te mienta. Qué maravilloso es tener una relación padre-hijo en donde nadie miente.

Algunos padres dicen: "Yo nunca miento", pero ¿qué tal cuando el niño se ha enterrado una astilla y pregunta si le va doler cuando se la saquen? Muchos padres le mienten a sus hijos y les dicen: "No; para nada". Pero deberían decirle la verdad, "Sí; te va a doler un poco, pero mucho menos que si dejáramos la astilla en el pié y se te infectara".

Aun en temas tan sensibles como el sexo, los animo a que no inventen para "proteger al niño". Nuestros niños están expuestos lo suficiente a través de la televisión, las películas y la música como para decirles que "los niños vienen de París" o darles una pauta superficial de que "las niñas buenas esperan hasta el matrimonio". Diles la verdad tal como la percibes, y comparte aquellos valores que te han sido útiles a ti. La parte clave aquí es "que te han sido útiles a ti".

La mejor opción es decir la verdad, o si la ocasión lo amerita, decir: "No estoy preparado para compartir ahora toda la información contigo" o algo en esos términos. No hay problema si le dices a un niño: "Esto es un poco complicado para que lo entiendas ahora, pero dentro de un tiempo nos sentaremos y hablaremos realmente al respecto". Si desarrollas el hábito de decirle por sobre todo la verdad a tu hijo, es muy probable que tu hijo te trate de igual forma.

Criar a un niño no siempre es fácil, pero puede ser mucho más fácil que como nosotros lo hacemos. Si te relacionas con tu hijo con consideración y respeto, es probable que cuando cumpla 16 años no tengas problemas. Tendrás un amigo que te brindará alegría y bienestar.

Durante el proceso de crecimiento, recuerda tocarlo. Si, tocarlo. Un abrazo, una palmadita, un apretoncito, una caricia: todas esas expresiones físicas se graban en el corazón del niño para siempre. Exprésalo y deposita esa energía amorosa en la experiencia de vida del banco-del-corazón sensible de tu hijo.

Es importante que le des dirección a tu hijo. Los niños necesitan dirección. Y como no siempre saben esto, a veces presionan, ruegan, halagan y mienten para evadir la dirección impuesta por los adultos. Sin embargo, cuando se dan cuenta que no pueden salirse con la suya, en última instancia se sienten agradecidos y colaboran, tal vez con reservas al principio, pero con total disposición a la larga. Si vacilas cuando el niño es pequeño y no mantienes tu palabra en relación a promesas, premios y reglas, posiblemente tengas mayores dificultades cuando el niño alcance la adolescencia.

Cuando tengas que corregir a los jóvenes hazlo con amor, ya que si no, ellos empezarán a usar la manipulación. Ámalos y ámate a ti mismo lo suficiente como para no aceptar nada que no sea la verdad, tanto tuya como de ellos Al comienzo tal vez no les guste, pero con el tiempo respetarán tu lealtad a la verdad.

A veces los niños pueden ver tu inclinación por la verdad como un castigo. Sin embargo, si cumples a cabalidad con los lineamientos de la verdad, eventualmente los van a aceptar aunque sea a regañadientes porque no les darás otra opción. A la larga es posible que ellos enarbolen la bandera de la verdad como la única forma de comportarse, gracias a que te mantuviste firme en tu conciencia amorosa y a que insististe en que la verdad formara parte de la relación familiar entre tú y tu hijo.

ADOLESCENTES: LOS QUE ESTÁN EN LA MITAD

He escuchado a los padres lamentarse de las experiencias que están teniendo con sus hijos y decir que ellos pasan por la "terrible adolescencia" Y es posible que ésta sea una época difícil tanto para ti como para tu hijo. Tu adolescente en realidad está a mitad de camino entre ser un niño y convertirse en adulto. Recibe mensajes confusos tanto del mundo adulto como del mundo infantil.

Por ejemplo, cuando los padres o un profesor se molestan por el comportamiento de un adolescente, por lo general le dicen al joven: "Madura. Ya tienes edad suficiente como para saberlo".

Y cuando el adolescente hace algo que los padres o el profesor desaprueban, tal vez digan: "No intentes pasarte de listo. Todavía eres un niño".

A los adolescentes se les hacen exigencias y se les dan responsabilidades como si ya fueran adultos, y eso contribuye a su maduración. Y se les ponen restricciones y se les dan pautas como si aún fueran niños, y eso también contribuye a su crecimiento. Pero está claro que esta situación también puede contribuir a que se confundan.

Cuando los adolescentes sienten esta confusión, por lo general forman esos clubes privados en donde los adultos no tienen entrada. El síndrome del club privado se manifiesta usualmente con una actitud firme de no-intervención por parte de los adultos. Los adolescentes comienzan a vestirse y a usar el cabello, el maquillaje y los accesorios de formas que muchos adultos consideran raras, extravagantes e incluso repugnantes. Algunos adultos incluso piensan que los adolescentes destruyen o por lo menos distorsionan su belleza física cuando cambian de estilo para ponerse a tono con su generación. Tenlo por seguro; nuestros hijos van a hacer cosas que ni siquiera podemos imaginarnos: desde raparse la cabeza hasta convertirse en "punks", desde usar el cabello largo hasta cortárselo estilo "tomahawks", y mucho más.

Los adolescentes protegerán su club privado inventando su propio lenguaje, para el que, por lo general, cualquier adulto necesitaría traducción.

Los padres pueden tomar diferentes actitudes al respecto, y no todas de ellas necesariamente constructivas. Tanto tú como tu hijo van a tener dificultades si tu ego y la necesidad de controlar al niño se involucran en el proceso. Tal vez seas capaz de forzar a tu hijo a que se vista y se peine de la manera convencional de tu generación, pero al hacerlo es posible que también estés plantando una poderosa semilla de resentimiento y rebelión que con el tiempo se podría manifestar de formas mucho más graves.

Otra alternativa es actuar como observador. En tanto tu adolescente/niño/adulto no se haga daño a sí mismo ni a otra persona, toma las cosas con humor y recuerda que eso también pasará. Si no lo crees, simplemente recuerda cuando tú eras un adolescente y acuérdate de cómo te vestías y las actitudes que tenías con tus compañeros, tus padres y todo el mundo adulto. Los adolescentes rebeldes de hoy pueden convertirse en los ciudadanos responsables del mañana. Si con su comportamiento el adolescente no se hace daño a sí mismo ni a los demás, te sugiero que permitas esa expresión e incluso que la disfrutes, a pesar de lo extraño que te resulte.

Sin embargo, existen otras manifestaciones que sí pueden ser dañinas.   Algunos adolescentes están seriamente involucrados con las drogas y el alcohol. Esos químicos creadores-de-ilusiones pueden producir un daño severo en las funciones físicas, emocionales y mentales.   Sin lugar a dudas, las drogas pueden impedir el crecimiento, aprendizaje y desarrollo espiritual. Sugiero que no asumas la actitud de juez y jurado, listo para sentenciar a tu hijo a una vida desprovista del amor paternal y que te enfoques más bien en brindarle una guía correctiva.

Es imprescindible mantener el amor y la aceptación en esta situación.   Entiende que es probable que tus hijos prueben las drogas o el alcohol.   Si esto sucede, no te escandalices ni reacciones con ira o con una actitud de "yo-te-lo-advertí", especialmente si tú mismo consumiste drogas en el pasado o si necesitas ese trago para relajarte cuando regresas a casa.   Conéctate con tu compasión, entiende la presión que ejercen los compañeros sobre él y comparte tu punto de vista.   Da información objetiva respecto al efecto de las drogas y del alcohol.   Cuando compartas hazlo con un punto de vista positivo, enfatizando el valor natural del joven y cuáles pueden ser las consecuencias del consumo de drogas o de alcohol.

Una vez compartí este punto de vista con un conocido quien me respondió:

—Supongamos que lo haga y que mi hijo continúe igual con las drogas.   De hecho creo que consumió drogas en mi propia sala.   El olor era inconfundible. ¿Cómo manejo eso?

—Sólo recuérdate a ti mismo tu postura y tu relación.

Sé un dictador benevolente. Tú eres el jefe en tu casa, si lo ejerces.

—Sí, es que ya hablé con él sobre los efectos de las drogas como una docena de veces y él sigue consumiéndola. ¿Qué más puedo hacer?

—¿Qué privilegios tiene él en este momento?

—No muchos en realidad. Quiero decir, tiene 16 años. Un chico de 16 por lo general anda por su cuenta.

—¿Pagas la renta o la hipoteca de la casa?

—Claro.

—Entonces dile que si no acepta tus reglas de no consumir drogas ni alcohol, no puede vivir en tu casa, donde tú corres con los gastos.

—No lo puedo echar de la casa.

—Está bien. ¿Tú lo alimentas?

—Claro, no quiero que pase hambre.

—Entonces dile que si continúa con las drogas no lo vas a seguir alimentando.

—Pero si no come bien se va a enfermar.

—¿Y crees que con las drogas y el alcohol no se va a enfermar? ¿Le das dinero para sus gastos o le prestas el auto?

—Si, tiene una mesada y también tiene licencia para conducir. Cuando no uso el auto se lo presto.

—¿Y qué tal suspenderle la mesada y no prestarle el auto?

—Eso es bastante drástico ¿no te parece?

—¿Y consumir drogas no te parece drástico? ¿No crees que durante su preciosa adolescencia no se merece tener la mente despejada?

—En realidad son drogas recreativas. Sería un hipócrita si yo negara que hace muchos años yo tomaba las mismas drogas. Quiero decir, que no está metido en cosas pesadas. Además sólo lo hace cuando está enojado, para relajarse, según dice.

—Pareciera como si estuvieras justificando el que tome drogas.

—No, para nada.

—¿Y entonces?

—No sé qué hacer.

—Claro que sabes, pero tal vez no estés dispuesto a hacer lo que se requiere para conseguirlo de verdad. A veces tienes que estar dispuesto a ser el "tipo malo" para lograr que tu hijo sea bueno consigo mismo.

Y tú, padre-lector, ¿te ves reflejado en esta conversación? Si la respuesta es sí, no debes juzgarte. Por el contrario; reconoce el valor de la información y date cuenta de que puedes tomar acción para apoyar a tu hijo y apoyarte a ti mismo.

Hay un viejo refrán que dice: "A nadie le importa cuánto sabes hasta que saben cuánto te importa". Si estás dispuesto a arriesgarte y a tomar una decisión impopular para que tus hijos vivan en la realidad y no en una ilusión inspirada por las drogas, entonces tienes que imponerles una dirección. Tienes que ponerles reglas a tus hijos. Si se resisten, puedes imponer las reglas mientras vivan en tu casa, en tanto tú corras con los gastos de comida y manutención, y mientras los ames lo suficiente como para que te atrevas a cuidarlos.

Eso no implica que les niegues a ellos sus experiencias para que aprendan. Tú eres parte de sus experiencias y también lo son tus reglas. Tampoco significa que seas tan rígido y que tus hijos no puedan cometer un error. Por lo general, el crecimiento se produce cuando cometes errores y luego aprendiendo de esos errores. Tu papel como padre es hacer todo lo que esté a tu alcance para asegurarte de que tu hijo tenga la oportunidad de aprender en vez de repetir los mismos errores. Sabrás que ya aprendió la lección cuando cambie de comportamiento.

Ser un guardián responsable

Por el hecho de que seas padre, no quiere decir que seas un padre de verdad. El padre biológico es un donante de esperma. Por el hecho de que seas madre, eso no te convierte en una madre de verdad. La madre biológica es la portadora del embrión. Se requiere mucho más que eso para ser una madre o un padre en el sentido de nutrir, cuidar y asumir una responsabilidad con amor.

Tenemos que reconocer que somos guardianes, que esa es la verdadera responsabilidad que tenemos hacia nuestros hijos. Una de las tareas más difíciles es convertirse en un guardián neutral y en establecer reglas para el crecimiento del niño que está aprendiendo, con amor y firmeza, sin sofocar su individualidad. Muchos padres se apegan a un cierto tipo de comportamiento, convirtiéndolo en una exigencia, y por lo general se relacionan con el niño a través de las emociones.

Tu hijo llegó a este mundo sin saber cómo se funciona exitosamente aquí. Tu primera tarea es entrenarlo para que se comporte como un ser humano socialmente adaptado. Al comienzo es muy elemental. Entrenas al niño para que siga normas simples y así aprende a hablar. Si realmente quieres ser un buen padre, además tendrás que ser un ejemplo del modelo que el niño debe seguir. Sé que a veces es más fácil darle información verbal respecto a la forma en que quieres que se comporte, que puede ser tan simple como: "No hagas lo que yo hago sino lo que yo digo".

Ser un modelo a seguir para tu hijo, significa que aceptas una responsabilidad madura en relación a tu propio comportamiento, recordando que tú también estás aprendiendo, aunque los niños por lo general se relacionan con sus padres como si estos lo supieran todo y como si su proceso de aprendizaje ya estuviera completo.

¿Tú y tu cónyuge se pelean? ¿Discuten en voz alta? ¿Manifiestas tus desacuerdos a través de arranques emocionales acalorados? ¿Lo haces frente a los niños?

Si quieres enseñarle a tu hijo a crecer para que se convierta en un ser humano amoroso, uno de los peores ejemplos que puedes darle es el de los padres todopoderosos que pelean entre sí y que expresan emociones descontroladas. El comportamiento que le demuestras a tu hijo es una de tus mayores herramientas de enseñanza y mientras mayor sea tu concientización, es más probable que las lecciones de tu hijo sean más positivas que negativas.

Muchos adultos creen que sus hijos sólo escuchan y ven cuando se les habla directamente. He escuchado a padres que dicen cosas muy violentas frente a sus hijos, y como no las dicen en contra del niño, asumen que él no registra lo que dijeron. No te engañes como padre. Recuerda que los niños son receptores desde el momento de su nacimiento. Incluso hay evidencia de que los niños están conscientes del ambiente externo desde antes de nacer. A través de los sentidos captan lo que está pasando, aun cuando se queden callados. Entonces, sé consciente y elige lo que quieres que tus hijos reciban.

No estoy afirmando que los adultos no puedan tener desacuerdos, ni ser emocionales, ni pelear; eso es parte del proceso humano, aunque también sé que parte del proceso humano es trascender el dolor emocional (pero eso pertenece a otro capítulo). Si vas a discutir con tu cónyuge asegúrate de hacerlo en un momento, en un lugar y tono de voz, de manera que los niños no vean ni oigan el conflicto. Esas batallas son lecciones de adulto que tú no debes imponerlas sobre los niños. Y no asumas que porque los niños están dormidos no escuchan los gritos. Si son capaces de oír las voces de ustedes si estuvieran despiertos, también pueden recibir las frecuencias discordantes mientras duermen.

Cuando los niños saben que los padres   tienen profundos desacuerdos   a nivel emocional es posible que exploten esta separación de los adultos. Es la archiconocida estrategia de decirle al padre: "Mamá dice que puedo usar el auto si tú estás de acuerdo". Luego el joven va con la madre y le dice: "Papá dice que puedo usar el auto si tú estás de acuerdo". Mantente atento a la táctica del chico que usa "Papá-dice-Mamá-dice".

Cuando no existe un contacto físico, el joven puede enfermarse creando inconscientemente una enfermedad para que lo toquen. Durante una enfermedad, por lo general los padres le acarician la frente, le frotan la espalda y hacen diversas cosas que involucran el contacto físico. No evites el contacto, foméntalo. Al transmitir amor, lo más efectivo es el contacto de piel a piel. No tienes que concentrarte ni enfocarte en eso. Sólo se trata de que lo pongas en práctica. Abrazarlo cariñosamente, sostenerle las manos, frotarle suavemente el cuello y los hombros, bañarte con tu hijo, sostenerlo recostado sobre tu pecho o tu abdomen con regularidad son expresiones que contribuyen a la salud física, mental y emocional del niño y de los padres.

El contacto físico es fundamental no sólo entre padres e hijos, sino entre adultos, y no necesariamente como acto sexual sino como expresión de amor, de cariño y de intercambio. Si el amor está presente, la manera de contactarse no es importante. Algunas parejas se frotan la espalda, se arreglan las uñas o se cepillan el cabello; cualquier forma está bien mientras haya cariño en el contacto.

Hacerle cariño a tu hijo también es una forma simple y efectiva de "hacer las paces". Los padres a veces pierden la calma y le gritan a sus hijos. Por lo general es un condicionamiento que les viene de sus propios padres;

este es otro caso en que la ignorancia de los padres se impone sobre los niños. Si estás consciente de lo que hiciste, lo mejor que puedes hacer es simplemente alzar a tu hijo y sostenerlo en tus brazos. Luego tomen un sorbo de agua y beban por la limpieza y el amor. El cariño también es útil cuando disciplinas a tu hijo porque es necesario que aprenda algo. Si lo tocas y mantienes el contacto físico, mientras lo disciplinas, tu hijo entiende que dentro de la disciplina existe el amor. Aun cuando estés expresando ira o frustración, puedes comunicar cariño al mismo tiempo haciendo contacto físico.

A medida que los niños crecen, los compañeros se van volviendo más importantes que papá y mamá, y si no hubo contacto físico entre los padres y el hijo, por lo general el niño toma mucha distancia de ellos. Puedes evitar esta situación si mantienes contacto físico con el niño desde pequeño. No tiene que ser una gran cosa. El contacto puede ocurrir a través de pequeños gestos. A veces sólo diez segundos de contacto físico son suficientes. Puedes alzar a tu hijo y sostenerlo firmemente y dejarlo que sienta tu amor. La forma no es importante. Puede manifestarse como un abrazo y un beso o ser una caricia con los dedos. Puedes lanzarlo al aire, recibirlo y envolverlo en tus brazos. Son estas expresiones físicas de amor las que te convierten en un padre o en una madre, mucho más allá de la definición biológica.

¿Quieres que tu hijo crezca y se convierta en un ser humano educado, cariñoso y capaz de dar apoyo? Los niños aprenden por imitación. Si con frecuencia intercambias manifestaciones de cariño con tu hijo, lo más probable es que para cuando tu hijo se convierta en un adulto joven, habrás aportado al mundo un ser humano positivo que irradiará gran calidez y capacidad de amar.

Las parejas sabias a menudo se las ingenian para pasar algún tiempo alejados de sus hijos. Una acción de este tipo no es ni egoísta ni torpe si surge de la toma de conciencia de los adultos de la necesidad que tienen de pasar un tiempo a solas. Los padres necesitan estar solos, sin preocuparse de que el niño los interrumpa. Ellos necesitan nutrir sus vínculos como adultos, independientemente del niño.

Puede que tu hijo sea una de las personas más importantes de tu mundo (y, a pesar de los rumores en contrario, los niños sí son personas), sin embargo, asegúrense de que ninguno de los dos padres conviertan al niño en alguien más importante que su pareja, porque con el tiempo el niño va a crecer y los va a dejar solos. Si no has afianzado la relación con tu pareja, tal vez ésta pierda la poca estabilidad que tenía cuando el niño ya no esté.

Desafortunadamente muchos adultos han reprimido la expresión del cariño físico. Muchas personas han crecido creyendo que la necesidad de acercarse y hacerse cariño, sin una connotación sexual, no es algo maduro. El cariño físico no es un asunto de madurez. Es una forma de transmitir energía amorosa a través del contacto físico.

El síndrome del hijo mayor, del hijo del medio y del hijo menor

Algunos padres afirman que la inseguridad de cierto niño es el resultado de que el niño fue el hijo del medio. Otros le atribuyen la inseguridad del niño al hecho de ser el hijo menor, pues recibe muy poca atención y tiene que compartirla con sus hermanos mayores. Unos padres me dijeron que su hijo mayor es el más inseguro porque tuvo que renunciar a toda la atención de ellos para compartirla con los hermanos que nacieron después. Yo les sugiero a los padres que tienen varios hijos que no caigan tan fácilmente en esta trampa.

La inseguridad puede surgir en cualquier niño, independientemente del lugar que ocupe entre sus hermanos. La forma de manejar la inseguridad de un niño no es etiquetándolo como "el hijo del medio", sino encarando directamente su inseguridad. Lo importante aquí es la imagen que el niño tiene de sí mismo y no su posición en el árbol genealógico.

La manera de crear autoestima en un niño es prestando atención a lo que el niño dice y hace. Si el niño obtiene buenas calificaciones o el profesor dice algo agradable de él, escríbelo en un papel y pégalo en una cartelera. Si el niño hace un dibujo especialmente bello (por lo general, los dibujos de los niños están llenos de maravillas), enmárcalo y cuélgalo a la vista.

No hagas un monumento de las cosas que el niño no hace muy bien. Esas son sólo etapas de aprendizaje. En cambio refuerza sus éxitos para que el niño crezca con un marco de referencia del éxito y no del fracaso.

Si tienes varios hijos, preocúpate de dedicarle un tiempo a cada uno individualmente. Por ejemplo, en días alternados, haz una caminata corta cualitativa con cada uno, y comparte de una forma personalizada con cada niño en particular. Cualquier cosa que hagas con tus hijos por separado les comunicará que cada uno es algo más que simplemente "uno de los hermanos" y que es un individuo valioso y especial.

Si quieres construir una base de seguridad para tu hijo, no compares su comportamiento con el de sus hermanos. Cada niño nace con patrones individuales que tienen que ver con el pasado, el presente y el potencial que traen. Toma conciencia de que cada niño tiene su propia velocidad para progresar. Por cierto, esto se aplica a los padres también. Conozco a un padre de tres hijos que tiene conciencia de esa realidad. Por ejemplo, a veces lanza a uno de sus hijos al aire, pero con los otros niños, cuando les toca a ellos, practica un juego diferente.

Conozco a una madre que animó a sus tres hijos a que aprendieran a tocar instrumentos musicales, pero la regla que les impuso fue que cada uno escogiera un instrumento distinto; de esa forma no se produciría una competencia directa.

Puedes aplicar los condicionamientos tradicionales para el hijo mayor, el menor y el del medio y tal vez influyas con ese tipo de limitación inconscientemente. Pero también puedes cambiar tu actitud y en vez de considerar desde una perspectiva limitante el lugar que ocupa un niño en la familia, verlo desde una perspectiva más positiva. Por ejemplo, el hijo mayor puede verse como "el hijo milagroso", a quien los padres miraban extasiados, considerando cada una de sus expresiones como un milagro. El primogénito por lo general recibe el primer estallido de amor total y fresco de sus padres y además, toda su atención.

El segundo hijo o el hijo del medio se beneficia de la experiencia que ya tienen sus padres. El segundo hijo también tiene un compañero instantáneo al tener un hermano o hermana mayor. Y si llega un hermano menor, tiene la oportunidad de aprender a manejar las cosas por su cuenta mucho más rápido y a cuidar de alguien, en este caso a su hermano menor, desarrollando cualidades de educador.

El tercer hijo, es decir "el bebé de la familia", puede que reciba una especial atención y amor de sus padres, así como apoyo, diversión y amor de sus hermanos mayores. Es posible que también tenga una adolescencia más fácil, ya que sus hermanos mayores habrán allanado el camino para él.

Todo se reduce a un asunto de actitud. Hay muchas maneras en que puedes ayudar a crear una buena autoestima en tus hijos a través del apoyo y de una actitud positiva. Algo tan simple como invitar a alguno de los niños y decir: "¡Ven! Vamos a ver el atardecer juntos". Entonces, ambos salen afuera y comparten la gloria de la naturaleza: sólo tú y ese hijo en particular.

Al día siguiente vas y le dices a ese niño: "¿Recuerdas el atardecer que vimos juntos?" y muy probablemente el niño lo va a recordar. Entonces tal vez digas: "Hoy voy a ir con tu hermana a ver el atardecer ¿De acuerdo?" Por lo general, el niño tendrá una reacción positiva. Y esta es sólo una de las muchas maneras en que puedes conectarte con tus hijos y ayudarles a construir una buena autoestima.

Una sola experiencia no va a crear de inmediato una buena autoestima en el niño. Con los niños en particular, la repetición y la constancia son necesarias en el largo plazo. Y está claro que no tiene que ser necesariamente un atardecer. También puede ser peinar al niño o acariciarle suavemente la cabeza mientras descansa en tu regazo.

En cuanto a lo que tú puedes hacer para apoyar una buena autoestima en cada uno de tus hijos, yo sugiero que, en lo posible, no heredes la ropa entre ellos. A veces la situación económica familiar te obliga a hacerlo; en ese caso, haz lo que puedas para que la ropa heredada luzca diferente y que el niño lo sepa. Por ejemplo, le puedes decir al niño: "Esta era la camisa de tu hermano, pero le quedó chica y es justo de tu talla. Claro que como tú eres distinto a tu hermano, veamos qué podemos hacer para que esta camisa sea de tu gusto. ¿Quieres que la tiñamos o le bordemos algo o le pongamos un parche de adorno?" Lo más probable es que el niño reaccione de una forma positiva a estas interacciones cariñosas, en especial si te ocupas de que cada niño, independientemente de la edad que tenga, del lugar que ocupe entre sus hermanos o de su tamaño, reciba ropa nueva de vez en cuando. Cuando el niño menor reciba ropa nueva, deja que su hermano mayor se la entregue, permitiendo así que se contacten a través de la ropa. Luego, cuando el hermano mayor reciba ropa nueva, el hermano menor también podrá alegrarse de eso, porque cada uno de ellos habrá tenido esa experiencia.

PADRES SOLTEROS

Los padres solteros ya no son una obscura minoría. Existen tantos padres solteros en la actualidad que forman una parte en la comunidad casi tan importante como las parejas casadas tradicionales.

La mayoría de los padres solteros está conformada por mujeres o madres solteras. Eso tiene su lado positivo y su lado negativo. El lado positivo es que la madre, que ha cargado al niño durante la gestación, es probable que tenga también las cualidades de resistencia y de educadora que son necesarias para convertirse en un modelo amoroso para el niño. El lado negativo es que la madre soltera no puede brindarle al niño algo que es muy beneficioso para él, que es la polaridad y orientación masculina.

En realidad, esto no es ninguna novedad puesto que las madres solteras generalmente están conscientes de la necesidad que tienen los niños de una imagen masculina. Este instinto de querer proporcionarle lo mejor a los niños tal vez contribuya a que la mujer busque una nueva pareja. Aunque respeto esa búsqueda, sugiero que la mujer no se case sólo por darle un padre a sus niños. Cásense por el amor que siente un adulto por otro adulto. En esas circunstancias, el amor por los niños se puede expresar e incluso aprender.

En parte, la dificultad para mantenerse balanceado como padre soltero tiene que ver con que el padre o madre pueda satisfacer sus propias necesidades, las que en general son diferentes a las de los niños. Disfrutar de compañía adulta, cuidar el propio bienestar, romance, actividad sexual y tiempo para divertirse son todos anhelos válidos.

Muchas de nuestras necesidades, por muy legítimas que sean, a veces resultan difíciles de satisfacer, y en el caso de los padres solteros, puede existir una complicación adicional. Las necesidades de los adultos pueden estar en conflicto con las necesidades de los niños a nivel físico, emocional, mental y espiritual.

Dado que la abrumadora mayoría de padres solteros está compuesta por mujeres, me voy a dirigir a las mujeres; sin embargo, quiero que entiendas que lo que vas a leer también se aplica a los hombres.

He conversado y dado asesoría a muchas mujeres que viven esta situación paradójica, mujeres que necesitan de compañía masculina como una expresión normal y saludable. Hay mujeres que no permiten que un hombre entre a su casa aunque vayan de cita. Una madre lo explicó así: "No sé si el tipo me gusta lo suficiente como para salir más de una noche con él. Prefiero no confundir a mi hija con la imagen de otro hombre. Lo que quiero decir es que ella podría apegarse a él más que yo, y si luego yo decido no volver a verlo, ella podría volver a vivir una pérdida y una separación, a menor escala claro, pero parecido a lo que vivió cuando su padre se fue. Por eso prefiero encontrarme con mi acompañante en el restaurante".

También existe el punto de vista opuesto, que otra mujer lo explica de esta manera: "Una de las reglas básicas que hemos acordado con mis hijos es que nunca nos ocultamos nada, ni nos mentimos. Así que si estoy comenzando una relación, está bien que mis hijos estén al tanto. No quiero que mis hijos crezcan en la farsa "del-mundo-perfecto-de-mi-mamá" y que luego la realidad los golpee cuando sean mayores. Entonces, claro que dejo que los hombres me recojan y me dejen en casa. Luego, cuando estoy con mis hijos, me preguntan si lo disfruté y yo les digo la verdad. A veces es aburrido y otras veces es especial".

Estoy seguro de que existen muchas otras actitudes que cubren el espectro de opciones posibles. No se trata de una situación fácil, especialmente si como persona soltera, quieres tener actividad sexual. En ese caso afloran preocupaciones muy reales tales como: "¿Voy a su casa y luego parto porque la niñera tiene que volver a casa a las 23:00 horas?" "¿Lo llevo a casa y vamos a mi alcoba esperando que los niños no se despierten?" "No quiero que los niños crean que este podría ser su próximo padre, cuando en el fondo yo sólo quiero que alguien me abrace por una noche. Entonces, ¿simplemente lo echo a media noche porque no quiero que desayunemos todos juntos a la mañana siguiente?"

No existe una opción óptima, sin embargo, personalmente yo sugeriría que las madres y los padres solteros fueran cuidadosos y cautos antes de exponer a los niños a sus compañeros de cita. Los niños le asignan a sus padres una especie de omnipotencia, sabiduría y conocimiento, y aunque todos sabemos que los padres son sólo seres humanos que están en proceso de aprendizaje, que cometen errores y que se corrigen, los niños todavía no lo saben. Tus niños van a observar a la persona con que sales. Dado que te aman y te creen omnipotente, inconscientemente van a asumir que el hombre con quien sales es una elección sabia, aunque dicha persona sea nada más que parte de tu propia búsqueda como adulto para encontrar a alguien con quien compartir el amor. A veces no somos muy sabios en nuestras elecciones y eso también es parte de nuestra experiencia de aprendizaje, pero sería mejor que nuestros hijos no tuvieran que soportar algunos de los efectos negativos de nuestras experiencias adultas.

No tengo sugerencias específicas respecto a cómo los padres solteros pueden resolver sus necesidades adultas en sus relaciones importantes, sus asuntos financieros, en el trabajo, etc., cuando éstas parecen estar en conflicto con las necesidades de los niños; las opciones varían dependiendo de las circunstancias. Yo sé que al padre o a la madre (según sea el caso) le corresponde reconocer que dar a luz a ese hijo fue una elección suya y que esa decisión trajo aparejada responsabilidades. A veces la responsabilidad puede ser inspiradora, alegre y tener un profundo significado. También sabemos que criar a un niño puede producir toda la gama de sensaciones, desde satisfacción hasta aburrimiento, desde éxtasis hasta sentirse ridículo. Todo eso es parte del trato.

Habrá ocasiones en las que tanto tú como tu hijo extrañen la presencia del padre ausente. Por ejemplo, es muy útil en el proceso de disciplinar, cuando la madre puede recurrir a la vieja triquiñuela de: "Vamos a ver qué dice tu padre sobre esto cuando llegue". La madre, quien muchas veces soporta todo a la larga, puede servirse del impacto instantáneo del "padre" para disciplinar al niño. Además, cuando llega el final del día, y la madre ha estado a cargo de todo, desde charlar con el niño hasta cambiar los pañales, por lo general necesita a otro adulto con quien compartir a un nivel de adultos. Esas últimas horas del día pueden ser bien difíciles tanto para ti como para tu hijo.

Es justamente durante esos momentos que te sugiero que hagas todo lo necesario para darte apoyo a ti mismo, teniendo en cuenta las responsabilidades inherentes a un padre soltero, lo que puede variar de acuerdo a tus necesidades y opciones. Algunos adultos se refugian en un libro y logran así el tiempo de aislamiento que necesitan, otros prefieren hablar con un amigo, ya sea por teléfono o durante una caminata nocturna en el parque. Puedes inventar algún ritual dulce, poniéndote de acuerdo con tu hijo, estableciendo "un tiempo de tranquilidad" en el que cada uno hace algo por su cuenta en silencio, lo que te permitiría dedicarte a tus propios pensamientos, cavilaciones, ensoñación, meditación o ejercicios espirituales. A veces esos 15 o 20 minutos pueden tener un efecto tan refrescante como una ducha fría en un día caluroso, y esa también es otra opción.

Una de las cosas más importantes que debes recordar es no juzgarte cuando sientas que necesitas un descanso para paliar el tedio cotidiano de ejercer la responsabilidad por tu hijo. Es posible amar a tu hijo y, aún así, necesitar tiempo para estar solo o con otro adulto. Experimenta con distintas expresiones positivas, hasta encontrar aquello que libere la presión sin emociones de por medio, y que te permita relajarte sin utilizar inductores artificiales como las drogas, el alcohol o el tabaco. Puedes formar un grupo de apoyo con amigos que tengan preocupaciones similares de modo que cada uno de ustedes pueda apoyar a los otros. No siempre es fácil pero vale la pena. Si te surgen dudas, sólo observa a tus hijos mientras colorean o sueñan despiertos e incluso cuando duermen en la noche, y sabrás que tu opción de traer ese niño al planeta fue una decisión enaltecida.

El haber traído al mundo a esa Alma para que despertara durante su existencia es una responsabilidad que el padre puede encarar con buena disposición o sentir que se ha quedado atascado. Depende de tu actitud, porque sin importar lo que elijas, sigues teniendo la responsabilidad. Cuando aceptas una responsabilidad es posible que se te pida que hagas sacrificios. En vez de resentirte por los sacrificios, sería mejor que vieras las compensaciones que brinda la paternidad. No conozco nada más creativo que educar a un ser humano. La máxima que dice: "Recibes en la medida en que das" nunca se expresa mejor que en un padre generoso y un hijo amoroso, en donde ambos son un regalo para el otro.

A medida que críes a tu hijo, con todos los retos que significa ser padre soltero, sugiero que recuerdes que se te ha confiado ese ser que con frecuencia llamas "mi angelito". Él no sólo es tu "angelito", sino también el "angelito" de Dios. Puedes amar a tu ángel y enseñarle, e incluso puedes cometer errores con tu angelito. Simplemente recuerda que tú también, en algún momento, fuiste el "angelito" de alguien. Sólo que tal vez ahora, que cuentas con un mayor conocimiento, tú puedas hacerlo un poquito mejor con tu "ángel" de lo que tus padres lo hicieron contigo. No fue porque no te amaran lo suficiente; puede que sólo haya sido porque no sabían cómo hacerlo mejor. A medida que aprendas y logres una mayor conciencia, desde luego que serás capaz de hacerlo mejor, en beneficio tuyo y de tus hijos.

En aquellas etapas en que la vida se te ponga difícil, ya sea por motivos financieros, de trabajo o de relaciones con otro adulto, tu hijo será parte de la experiencia, aunque sea a nivel inconsciente. No te juzgues ni te castigues por los conflictos, las peleas o los errores. Son parte de la vida. Lo mejor que puedes hacer es enfrentar toda experiencia con integridad y cuidado amoroso por tu hijo y por ti mismo. Tu hijo aprenderá que los conflictos se enfrentan y se resuelven, en especial cuando el amor está presente.

MODELOS PARA LOS HIJOS DE PADRES SOLTEROS

La mayoría de las madres solteras se preocupan por conseguir un ejemplo para sus hijos, en especial si son varones. Si la madre está divorciada o separada del padre biológico y todavía se siente herida por los conflictos con su ex-marido, esa situación puede influir en su capacidad para considerarlo como un buen modelo para su hijo.

Yo invito a ambos padres a que no permitan que la angustia emocional los lleve a relacionarse de una manera que separe y confunda a los niños. A pesar de los problemas que hayas tenido con tu "ex", sería bueno que reconocieras que Dios está en tu hijo y en el padre de tu hijo y en la madre de tu hijo. En la medida en que te recuerdes a ti mismo que sería beneficioso para todos ustedes que te expresaras desde tu corazón y no desde tus emociones, tal vez puedas solucionar y equilibrar situaciones con tu ex-pareja. Aun cuando los asuntos entre tú y tu antiguo cónyuge no estén resueltos, puedes siempre pedir: "Señor, por favor dale el amor que yo no le pude dar". Así podrás dejar ir la cáustica separación.

Siendo redundante, pues la repetición es la manera más efectiva de enseñar a tu hijo (y al niño dentro de ti), es beneficioso para tu crecimiento y definitivamente para el de tu hijo, que tanto tú como tu ex- esposo trasciendan las reacciones emocionales mutuas y antepongan el bienestar de su hijo.

Si los dos padres son responsables y amorosos, les sugiero que ambos apoyen al niño pasando algún tiempo juntos. En los casos en que, por ejemplo, el padre no es un buen ejemplo (porque es adicto a las drogas o al alcohol, o porque tiene algún comportamiento inapropiado), otra persona debería ocupar su lugar. Podría ser un pariente, un buen amigo o incluso un vecino. También a veces los niños encuentran un buen modelo en algún libro. Por ejemplo un héroe del calibre de Hércules, Jesús o Moisés, o algún personaje audaz que se sobrepone a la adversidad, como los personajes descritos por Jack London. Independientemente de lo que se elija, la madre puede alentar al niño a identificarse con una persona o un personaje diciéndole: "Tú tienes algo que me lo recuerda".

En el transcurso de la niñez tus hijos van a enfrentarse con pruebas, pleitos y amarguras que pueden convertirse en escalones para su crecimiento, y te sugiero que les permitas aprender de sus experiencias. Naturalmente, todo padre desea que sus hijos pasen menos penas y tengan más éxito; y tú harás todo lo que esté a tu alcance para crear un entorno y una actitud que le produzcan a tus hijos experiencias positivas. Sin embargo, recuerda que las rodillas raspadas, tanto física como figurativamente, son parte de las lecciones que hacen crecer. Permite que tus hijos tengan esas oportunidades y apóyalos mientras aprenden.

La forma más óptima de apoyarlos es por medio de la toma de conciencia, del amor, del reforzamiento y del cariño. No importa cuántas veces se requiera, cuántas caricias, cuántas palabras ni cuántos abrazos, valdrá la pena porque participas en una de las acciones más creativas que existen sobre la Tierra. Estás contribuyendo al crecimiento positivo de un ser humano amoroso.

LOS NIÑOS Y LA RELIGIÓN

Muchos padres, solteros y casados, siguen las mismas tradiciones religiosas de sus padres y por lo general traspasan esas actitudes y creencias a sus propios hijos. Esto puede ser a veces positivo, pero otras veces puede tratarse de una religión recitada "de memoria". Por ejemplo, ciertos padres insisten en que sus hijos vayan a colegios religiosos o que digan sus oraciones todas las noches, usando las mismas palabras que les enseñaron sus padres a ellos. La religión recitada de memoria y a la fuerza, rara vez despierta el amor de Dios en el corazón de un individuo

Mucha gente honra a Dios sólo con las palabras, pero no con el corazón. Otros tal vez se enfoquen en todo lo que está prohibido, evocando un miedo poderoso y represivo en torno a Dios. Si quieres eso para ti y para tu hijo, tú decides. Sin embargo, otra alternativa es amar a Dios y despertar al amor que Dios siente por cada uno de nosotros. Yo prefiero la perspectiva de pensar que nosotros, los seres humanos, somos la creación amada de Dios, progresando desde la imperfección hacia una gran conciencia espiritual y de unidad con Dios.

En relación a nuestros hijos, sin lugar a dudas prefiero compartir mi alegría a través de acciones de amor, como expresiones del Espíritu, a exigir un comportamiento aprendido de memoria de nuestros jóvenes. La mejor forma de enseñarle a los niños sobre Dios es amándolos con el amor de Dios. No me interesa si un niño o una persona comparte el mismo grupo espiritual que yo. No me importa si un niño elige ser Bautista, Católico, Mormón, Judío, Budista o miembro del Movimiento del Sendero Interno del Alma. Me interesa que el niño entienda que es amado por Dios y que se le fomenten todas aquellas cosas que refuercen ese conocimiento.

Cuando yo era niño, mi madre acostumbraba a cantarme una canción que decía así: "Jesús me quiere para que yo me convierta en un rayo de sol". En esa época eso me parecía estupendo. Entonces, un día me di cuenta de lo que significaba en realidad ser un rayo de sol: podías ver el polvo flotando en un rayo de sol, un rayo de sol permitía ver la suciedad en una ventana, y decidí que yo no quería ser eso. Prefería ser un niño que pudiera ser amigo de Jesús. Algunos padres tal vez consideren esa actitud como demasiado emancipada para un niño. Por suerte, para mi madre no fue así, y a raíz de eso mi amor por Jesús está basado en una experiencia distinta a la letra de una canción.

Por el bien de una relación honesta con tu hijo te sugiero que no le hables de los beneficios de una doctrina espiritual a menos que tú mismo hayas tenido esa experiencia. La mayoría de los niños cuentan con un barómetro interno sutil de la verdad que sabe exactamente cuándo le dices la verdad basada en tu experiencia que cuándo le hablas de un concepto con expectativas que es más teórico que práctico. Si le mientes a tu hijo, ya sea por acción o por omisión, es posible que tu hijo esté menos dispuesto a decirte la verdad a ti. Eso se aplica también a aquellas ocasiones en que el niño te ve mintiéndole a otra persona. Por el contrario, si eres honesto con tu hijo, tu hijo posiblemente te retribuya con su honestidad. Y esa es una experiencia bella.

Mi padre me dijo que a los niños hay que consentirlos. Y así lo creo. Consiente a tus hijos con amor, cuídalos y comunícales que en este mundo son aceptados tal cual son: Seres humanos preciosos, que tienen mucho que aprender.

Todo lo que le brindes a tus hijos debiera servirles para aprender y elevarse. Todo. Y todo el tiempo, incluso cuando le dices "Cállate". En vez de castigar o de regañar a tu hijo cuando no te responda de inmediato, ponte creativo: "Veamos quién puede permanecer en silencio por más tiempo". Y cronometra el tiempo, mientras ambos descubren la alegría de estar en silencio. O le puedes demostrar a tu hija que estar en silencio no es algo negativo, mientras la tomas en brazos y la acercas a la ventana y juntos en silencio, miran para afuera y contemplan el mundo. Entonces ellos aprenden lo que significa estar callados. Y si lo haces bien, aprenden que los amas. ¿Existe algún aprendizaje mayor que ese?

3

LA COMUNICACIÓN

No podemos mantener una relación sin algún tipo de comunicación. Para asegurarnos de que estemos hablando el mismo idioma, veamos la definición del diccionario respecto a la palabra comunicar:

1. Participar, dar parte de
2. Traspasar conocimiento
3. Abrirse a otro
4. Revelar a través de señales claras
5. Transmitir información, pensamientos o sentimientos de un modo que se reciba o entienda

A pesar de las definiciones anteriores, la esencia rara vez se comunica. La mayor parte del tiempo la gente se comunica desde el ego, los deseos, las expectativas o los anhelos.

¿Cómo logramos un estado interno en que la comunicación sea un proceso de compartir información no distorsionada? Para comenzar, tal vez debamos asumir que nos vamos a comunicar con alguien que es un ser humano valioso y que merece la pena. Claro que esto podría no resultar a menos que surgiera de otro ser humano valioso y que también merece la pena. Si tú no te ves a ti mismo de esa manera, lo que haces es comunicar apariencias, distorsiones, juicios o mentiras.

Entonces, como ves, para comunicarte debes aceptarte a ti mismo primero tal como eres, sabiendo que eres suficiente tal cual eres. Todo ser humano, toda persona viva, es verdaderamente un ser valioso y que merece la pena. Sería bueno que lo recordaras, en especial durante las situaciones emocionales en que la información que comunicas puede teñirse con tus necesidades condicionadas. Recuérdate que la persona a quien le estás hablando es un ser humano valioso y que merece la pena, aunque no se comporte de la forma en que a ti te gustaría.

Tomando en cuenta que, por lo general, la gente entorpece la esencia de la comunicación, sería bueno que te tomaras el tiempo e hicieras un esfuerzo para crear un ambiente que admita todo nivel de comunicación de parte de los demás. Una vez estuve en un parque de diversiones donde había lo que podría llamarse un "cuarto de locos"; era un lugar en donde las paredes y el piso estaban hechos con un material especial en que la gente podía saltar, caer, brincar, caminar o gatear sin hacerse daño. Imagínate un lugar en donde ni tú ni nadie puedan hacerse daño (no era un cuarto tan loco, después de todo.) Alguien muy despierto y con una gran imaginación tuvo el ingenio de diseñar ese espacio seguro.

Puedes convertirte en un diseñador de espacios seguros en tus relaciones. En tu interior podrías diseñar un espacio en donde tú no te puedas hacer daño a ti mismo ni dañar a los demás, especialmente a aquellos que comparten tu vida cotidiana, como tu esposo o tu esposa, tu hijo, tu pareja, tu jefe, tus colegas, tus compañeros, tu profesor, el mecánico de tu auto, tu contador y, desde luego, tus padres. En un ambiente seguro, sin importar las diferencias que existan, la información se puede comunicar sin recriminaciones, culpa, miedo o castigo.

¿QUÉ COMUNICAR?

En la mayoría de las formas positivas de comunicación existe una lectura entre líneas de querer dar y recibir mayor amor, cuidado y abundancia. Piénsalo. Incluso muchos conceptos políticos, ecológicos, sociales y económicos tienen un mensaje de trasfondo de querer crear condiciones en donde impere el amor, y por lo general su propósito es crear mayor cariño de una manera tangible. La dificultad surge porque la gente difiere en sus formas de expresión. Algunos piensan que deben excluir a otros para conseguir abundancia para ellos en particular, para su género, para su grupo étnico, para su país o para su secta religiosa. Aún no han aprendido que el amor incondicional es la forma de comunicación más elevada a nuestra disposición. Existe un suministro ilimitado, no sólo en teoría sino también en la práctica en las áreas políticas, sociales y económicas cuando la conciencia está despierta.

Si quiero ser más feliz es para mi propio beneficio. Y una manera de que yo sea más feliz es compartiendo mi felicidad contigo. Es una paradoja. Mientras más doy, más recibo. Aunque existen personas que se manejan con una perspectiva diferente: "Voy a disfrutar a tus expensas". Esa clase de comunicación tiene muy poco valor. ¿Quién querría participar en formas de comunicación que hagan daño?

La Declaración de la Independencia de los Estados Unidos afirma que "todos los hombres fueron creados iguales", lo que incluye tanto a los hombres como a las mujeres. Eso no significa que la gente sea igual físicamente, porque obviamente eso no es así. Algunos son más fuertes, más débiles, más altos, más bajos, más gordos o más delgados. Tampoco significa que tengamos iguales talentos porque no todos somos Mozart, Steve Wonder, Joan Sutherland o Babe Ruth. Lo que significa es que tal vez todos seamos iguales en oportunidades, aunque en el área económica o de la educación eso no sea enteramente cierto. Entonces, ¿iguales en qué? ¿Iguales en capacidad de amar?

Una vez vi a un padre abrazar a su hijita. No les importaba si eran ricos o pobres, blancos o negros, delgados o gordos; lo que contaba era el nivel de amor presente. He visto parejas de novios casarse en África, China, Estados Unidos, México, Inglaterra, Egipto, Israel, India y en las Islas Canarias. La capacidad de amar en cada uno de esos novios era la misma. Un asunto primordial que puede restarle méritos a la igualdad del amor es la falta de comunicación esencial, en donde lo "esencial" significa cuidar y compartir desde el corazón.

LAS SUTILES TRAMPAS DE LA COMUNICACIÓN

En esta época del crecimiento del despertar, de la elevación de la conciencia y de la sensibilidad, muchos individuos y muchas parejas se esfuerzan por lograr una comunicación comprometida consigo mismos y con su compañero. El propósito confeso de este compromiso es compartir, aclarar malentendidos y lograr mayor intimidad, apoyo y amor. Muchas veces esto funciona a las mil maravillas. Sin embargo, en el fondo, puede haber trampas muy sutiles cuando se comunican sentimientos, heridas o culpas y una acción que comenzó como un proceso para lograr una mayor intimidad, a veces se puede convertir en separación y aspereza.

¿Por qué sucede esto si normalmente los individuos se sienten motivados y quieren la misma cosa que es más amor y una mayor intimidad?

Una demostración de esto se nos hizo evidente durante una asesoría a una pareja. El esposo comenzó diciendo que estaba interesado en tener una relación más estrecha con su esposa pues sentía que había desaparecido la cercanía que existió en los primeros tiempos de casados. Tomando en cuenta que el miedo es uno de los grandes bloqueos que impiden una verdadera comunicación, le pregunté cuáles eran sus miedos. Respondió que tenía miedo al compromiso. Temía que esa relación no fuera la indicada para el resto de su vida. A consecuencia de esto descubrimos que él había estado deteriorando y saboteando la relación. Posteriormente la esposa se nos reunió y confesó su temor a que él la abandonara.

Es importante hacer notar que aunque ninguno de los dos le había comunicado al otro sus miedos, ambos estaban conscientes de que había problemas en la relación. También es importante tomar en cuenta que aunque la persona no comunique abiertamente lo que le está pasando, en especial si se trata de algo negativo, que de una u otra manera casi siempre esto será comunicado. Y por lo general, guardarse algo puede ser más destructivo que ser abierto y honesto.

En el transcurso de la conversación la mujer admitió que había sido esclava de sus miedos, incluso dándoles mucho más poder que al amor por su marido. Cuando los miedos de alguien dominan la relación, esto no sucede simplemente porque la otra persona haya hecho algo para generar miedo. De hecho, a menudo la persona es quien ha traído un patrón de miedo a la relación e incluso puede que hayan escogido inconscientemente a esa pareja en particular porque se presentaría el patrón de miedo conocido. Para algunas personas no importa si lo conocido además es negativo, en tanto sea conocido.

Mucha gente se siente más cómoda en sus patrones habituales de negatividad porque han vivido inmersos en ellos durante mucho tiempo. Prefieren quedarse con lo conocido en vez de superar las limitaciones y alcanzar una calidad nueva y sensible en el amar sin restricciones. La libertad puede asustar a una persona que se ha acostumbrado a sus cadenas.

Volviendo a la pareja de la que hablábamos, le pregunté a la mujer si se deprimía a menudo. Ella contestó:

—Si, porque es una forma de llamar la atención de mi esposo. Cuando estoy bien deprimida él me pregunta qué me pasa.

—¿Y él te salva?

—Bueno, en cierta forma me salva de mi depresión.

Yo reí y le dije:

—En otras palabras, te deprimes y entonces tu esposo viene en su caballo blanco y te salva de los dragones de tu depresión.

Ella sonrió avergonzada y asintió.

—¿Y luego te lleva a la cama?

Ella se rió nerviosa y de nuevo asintió con la cabeza. "Es un juego maravilloso".

El juego obvio es que la esposa se deprime y el marido la salva. La trampa está en que el marido salvador tarde o temprano se va a cansar, porque el precio es seguir jugando a más depresiones y más salvaciones. La esposa asume la posición de tener que ser salvada de sus propios miedos, los cuales son alimentados por el comportamiento de él, lo que aviva las brazas de su condicionamiento, las cuales..., que a su vez…, que él…. hasta el infinito.

Al momento de sostener la conversación llevaban seis meses de casados. Hablé con el marido y le pregunté por qué se había casado teniendo tantas dudas e inseguridades. Él dijo que estaba próximo a cumplir los 35 y que creyó que ya era hora de intentarlo. La razón sonaba bastante superficial y hasta poco seria para casarse, pero él insistió en que amaba a su esposa, que no quería divorciarse y que quería que el amor prosperara.

El hombre dijo además que muchas de sus relaciones anteriores habían sido sólo encuentros sexuales. En ese punto la mujer comenzó a culpar a los hombres de tomar a las mujeres sólo como objetos sexuales y acusó a su esposo de ser un machista. Parte de lo que ella decía era cierto, aunque cabe notar—y se lo recordé a ella—que es la mujer quien cría a los hijos. ¿Por qué nuestras madres no crían a sus hijos varones de forma que honren y amen a las mujeres en su totalidad y no sólo como objetos sexuales? Está claro que podemos retroceder de generación en generación, echándole la culpa a tal hombre o a tal mujer, hasta remontarnos a

Adán y Eva; pero el hecho es que aún estamos estancados en el presente.

Con el fin de manejar de una forma más efectiva lo que sucede en el presente ¿qué tal si asumimos una actitud que intente resolver las dificultades en vez de perpetuar la culpa?   Podemos comenzar por aceptar que todos nosotros hemos jugado algún papel en que la expresión amorosa se disipara.   Echarle la culpa a uno o al otro género no cambia las cosas.   La única posibilidad de mejorarlo es que cada uno de nosotros asuma su responsabilidad, independientemente del género o de los miedos condicionados.

Si una mujer vive constantemente preocupada de que su esposo es "el hombre típico" que se siente atraído sexualmente hacia las demás mujeres y que en algún momento va a ceder, ella se pone a merced de sus miedos. Es posible que su siguiente jugada sea empezar a retirar su energía de la relación.

Entonces el hombre, que tal vez haya mirado a otras mujeres, pero que siempre regresaba a casa a donde la mujer que amaba, sienta la pérdida de energía y que a lo mejor se interese en otras mujeres más allá de las miradas.

En este punto lo más probables es que él se sienta culpable o temeroso de que su esposa descubra sus tentaciones,

Es necesario que entiendas que los roles también pueden darse a la inversa. De hecho, conozco a un hombre tan decidido a ser "honesto" que le dice a su esposa que ella no está a la altura de ciertas fantasías que él tiene y luego se pregunta por qué su esposa parece retraerse de la relación. Él se ha encargado de crear en ella duda, falta de entusiasmo y miedo, y ambos se han sumergido en una relación de temor que puede estar cercana a la ruptura.

No creas que por compartir supuestas verdades de tendencia negativa (como por ejemplo: "No me bastas"o "Estás muy gorda", etc.) estás creando intimidad. No es así, y cuando culpas al otro de tus miedos tampoco contribuyes a que la relación sea íntima y positiva. El compartir verdadero, con el corazón e integridad, no se basa en los miedos ni en culpar a nadie. Es un compartir en conciencia despierta. Desde luego que una persona puede decir: "Mi amor, me siento insegura en estos momentos y sé que yo lo he creado, pero igual me gustaría que pudiéramos abrazarnos ahora". En un compartir honesto de este tipo, el resultado probablemente será una intimidad solidaria.

Pero asegúrate de que no le estés lanzando basura verbal ni síquica a tu pareja en nombre del compartir.[2] Comparte tu amor, tu vulnerabilidad y tu sensibilidad y no hagas sentir al otro que está equivocado. Con esa actitud puedes pedir todo el apoyo que necesites en tu relación.

En cualquier relación, y en particular cuando se trate de una relación íntima, pon tu intención en compartir en tiempo presente en vez de traer constantemente el pasado a colación o tratar de hacer sentirse culpable a alguien por su comportamiento pasado. Alguna vez alguien dijo: "El pasado es un balde de cenizas". Si miramos retrospectivamente, después de la batalla, todos somos generales. Te sugiero que apliques tu visión del aquí y el ahora. Usa la información (de este libro y de tus relaciones vivientes) en el presente, porque el pasado es historia y el futuro se cuida solo.

Cierta vez le di asesoría a una pareja en donde el hombre decía que todavía deseaba sexualmente a otras mujeres y que le parecía que era demasiado joven para asentarse. Le pregunté: "¿Te interesa tener una relación exitosa? Dijo que sí. Él, su esposa y yo continuamos

---

[2] Para información sobre técnicas de protección personal contra el abuso verbal, emocional o mental, referirse al libro de John-Roger, *Posesiones, Proyecciones y Entidades*.

conversando un rato más y luego pregunté: "¿Cuál es la solución en esta situación?"

El hombre contestó con cariño: "En lo que a mí respecta, la solución es sacrificar esos deseos, dejarlos ir, y simplemente darle a mi mujer la oportunidad de satisfacerme en vez de pensar que allá afuera sería mejor con otra persona. Además, incluso cuando estaba soltero me cansaba de ese juego. El hecho de estar casado le dice a la gente que no estoy disponible y de cierta manera eso es un alivio".

Todos nos largamos a reír de su refrescante honestidad y toma de conciencia, y yo le recordé: "No puedes poseer a todas las mujeres del mundo. No tienes ni el tiempo ni la energía, y eso contando con que ellas quisieran estar contigo, y podrían no querer. Lo que puedes hacer es encontrar a todas las mujeres en una. Puedes sentir todo el amor erótico con todas las mujeres a través de una: tu esposa. Y no hablo del sexo como algo que sólo tiene que ver con el cuerpo físico. Me refiero a algo mucho más significativo: el que te contactes con tu esposa de una manera profunda, amorosa y cariñosa".

Le expliqué que la mayoría de las mujeres ya saben que no se pueden sentir satisfechas por el hecho de tener relaciones sexuales con muchos hombres diferentes. Las mujeres por lo general quieren a un hombre que se comprometa en una relación. La mayoría de las mujeres saben que las relaciones funcionan no porque amen tener buen sexo sino que el buen sexo es un resultado del amar. Puedes leer esto y estar completamente de acuerdo con lo que se dice y pensar que lo entendiste, pero no es así como funciona. Por ejemplo, podrías leer un libro sobre los diferentes pasos y posiciones del ballet y no por eso ser un bailarín de ballet. Obviamente que la forma de aprender es estudiar y luego levantarte y ponerlo en práctica, cometer errores, perder el ritmo, coger el ritmo, una y otra vez, hasta que un día finalmente lo logras. Ese día llega producto de miles de horas de práctica.

Y ese mismo método se aplica para aprender a lograr que una relación funcione bien. La mayor parte de la gente ha vivido años de condicionamiento sobre creencias limitantes como para lograr instantáneamente una relación exitosa. Se requiere de práctica, de cometer errores, caerse y pelarse las rodillas del ego y abollar las paredes de las limitaciones preestablecidas. A la larga, con el compromiso y cariño suficiente, las paredes de las limitaciones comenzarán a desmoronarse.

Hace muchos años la gente afirmaba: "No puedes adjudicarte más que un cincuenta por ciento de la culpa en una relación". La gente se centraba en la culpa y creía en esa afirmación a pie juntillas (y es posible que algunos todavía la crean). A consecuencia de esto, entregaban sólo un cincuenta por ciento a la relación. Te sugiero que consideres tu relación no desde el punto de vista de la culpa, sino en términos de asumir un cien por ciento de la responsabilidad. No cuestiones lo que la otra persona haga o deje de hacer. Simplemente involúcrate tú en un cien por ciento. Algunos días serán mejores que otros y acepta que eso está bien así. Sólo comprométete en un cien por ciento, haciendo todo lo que esté a tu alcance, y con el tiempo, tú y tu pareja van a comprender el mensaje.

Y el mensaje es realmente simple: Ámense el uno al otro.

TRES GRANDES BLOQUEOS EN LA COMUNICACIÓN

Los juicios, el miedo y la culpa son los tres grandes obstáculos en la comunicación. Es difícil de sobremanera comunicar algo si se interpone alguna de esas expresiones.

Un lado de la comunicación es enviar o dar, y el otro, obtener o recibir. Si tu comunicación lleva algún gancho, ten por seguro que la comunicación no será recibida. ¿Cuál es uno de los ganchos más importantes? Insistir en que la persona reaccione de cierta manera a la información que le estás comunicando.

En ese "espacio" dentro de ti en donde nadie resulta herido, no hay lugar para ganchos porque los ganchos pueden hacer daño. En ese ambiente seguro, tampoco hay oportunidad para los "deberías", que podrían aparecer arrastrados por los ganchos. Por ejemplo, si tu pareja se atrasa 20 minutos al juntarse contigo y tú has tenido que esperarla, podrías decirle: "Te atrasaste 20 minutos". Dependiendo de tu actitud es posible que estés haciendo algo más que dar información. También podrías estar lanzando un gancho que dice: "Más vale que te disculpes y te aguantes mi mal humor porque tú causaste todo esto y tendrás que pagarlo".

Tienes otras alternativas. Una vez compartí mi punto de vista con un conocido que me dijo cuánto se había disgustado en una ocasión en que su esposa se había demorado en llegar.

—Ella sabía que teníamos reservaciones en el restaurante y boletos para la obra de teatro, y ambos sabíamos que el telón no iba a esperar, a pesar de que ella tuviera una razón de peso por llegar tarde—dijo.

—Comencemos con lo que ya sabes. ¿Es ella un ser humano valioso?

—Si, claro, ella es valiosa. ¿Crees que me habría casado con alguien que no lo fuera?

—Bien. Acuérdate de eso. ¿Crees que ella te conoce?

—Después de ocho años de matrimonio, eso espero.

—¿Crees que ella sabe que te pones impaciente cuando tienes que esperar?

—Estoy seguro que sí. Yo me he preocupado de que ella lo sepa.

—¿Ella es inteligente?

—Muy inteligente, pero ¿de qué se trata todo esto?— preguntó con impaciencia.

—Se trata de ti. Crees que tu esposa que es tan inteligente, valiosa y respetable, como dices que es, conociendo tu temperamento cuando te dejan esperando, ¿lo haría intencionalmente?

—Bueno, viéndolo así, creo que no.

—Entonces tienes otra alternativa para encararlo. Cuando ella llegue corriendo le podrías decir: "¿Qué te pasó querida? Espero que no haya sido nada grave. ¿Estás bien? ¿Los niños están bien? Yo sé que no me habrías hecho esperar si no fuera algo serio". En otras palabras le puedes comunicar cuánto te importan ella y los niños, en vez de expresar tu impaciencia emocional.

—En realidad tienes razón, porque cuando estábamos cenando y yo ya me había bebido medio trago para relajarme, descubrí que una de las niñas se había molestado y ella no había querido que la niñera la calmara. Cuando le pregunté a mi señora qué le pasaba a nuestra hija, me dijo que echaba de menos a su papá. Y que entonces ella se había quedado un poco más para reafirmarle a la niña cuánto la amo, diciéndole que cuando volviera a casa yo la iba a despertar con un abrazo y un beso.

—¿Cómo te sientes ahora?

—Como un idiota, maleducado e impaciente. Ella se retrasó por reafirmarle a mi hija cuánto la amo. Ahora me siento culpable de mi impaciencia.

Si alguna vez te sientes así, suelta la culpa. Con neutralidad comunícate a ti mismo la información y aplica esos datos para aprender un nuevo comportamiento. La próxima vez que empieces a reaccionar emocionalmente, no uses tu energía para incomodarte; en vez de eso expresa consideración hacia la otra persona. Recuerda que lo único que cuenta es el amor que se expresa. Ni las reservaciones para comer, ni la hora de subir el telón. Nada, salvo el amor que se demuestra. Puedes crear tu propio "espacio interno" para que sea un lugar seguro sin importar las circunstancias.

La gente cae en toda clase de trampas al comunicarse con expectativas, diciendo algo y esperando una determinada reacción. Con seguridad habrás dicho: "Te amo" con la esperanza inconsciente de escuchar un "Yo a ti también". Cuando no sucede, a lo mejor sientes que algo está mal. Eso no es comunicación: es lanzar un gancho. Y a menudo se da de maneras que son bien divertidas.

Por ejemplo, hace poco bajé de peso y mi cuerpo se veía bien balanceado para el ojo inexperto. En cierta ocasión me puse un traje de muy buen diseño que se ajustaba de maravillas a mi figura. Me sentía lleno de amor por dentro y externamente lucía acorde con mi estado amoroso, cuando me encontré con una conocida, quien dijo al verme:

—Te ves muy bien.

—Lo sé—dije.

—¡Óiganlo!—exclamó ella, como si mi respuesta proviniera del orgullo o del ego. Su comunicación inicial de "Te ves muy bien" venía con un gancho. El gancho era que yo respondiera: "Gracias" y como ella no lo obtuvo, rápidamente manifestó su desaprobación y juicio sobre lo que yo había contestado.

Yo me reí. Sabía que me veía muy bien y me sentía aún mejor. No se trataba de una posición de orgullo ni del ego sino simplemente de una observación agradada. Tal vez ella haya lanzado un gancho con su comentario, pero yo no tenía porqué darme por enterado. Tampoco era necesario que me involucrara con su juicio ni con sus expectativas. Simplemente me reí, la amé y seguí mi camino, viéndome muy bien y sintiéndome muy bien.

Yo había creado un espacio en mi interior en el que ella podía comunicarse como quisiera, y yo no competí con su reacción ni con su interpretación. De hecho, la próxima vez que la encontré le dije:

—¿Cómo estás?

—Si yo fuera tú, debería decir: "Tan bien como me veo".

—Entonces debe ser estupendo, porque así te ves—le respondí.

Ella sonrió y me dijo en voz baja:

—En realidad me siento muy bien y me avergüenza decirlo, pero cuando me miré al espejo me dije: "¡Vaya! Realmente te ves muy bien".

Los dos reímos. Y le pregunté:

—¿Y por qué avergonzarse? Te ves bien porque estás bien. ¿Te da vergüenza decir que un atardecer es hermoso? ¿Entonces por qué no admitir tu propia belleza?

—Pero no es correcto, porque...

——No te enredes—la interrumpí—¿Para qué darle energía a una creencia falsa? No hay nado de malo en percibir tu propia belleza."

Ella sonrió tímidamente:

—¿De veras te parece que soy hermosa?

—¿Y a ti?—le dije, ahogando una risita.

Ella se miró de reojo en un espejo cercano y dijo:

—A veces.

—¿Y ahora?

Para ella era difícil, pero se rió nerviosa y asintió con la cabeza. Los dos nos reímos a carcajadas y nos abrazamos.

El punto en todo esto es que la comunicación se da con muchas personas, tú incluido, y en muchos niveles. Establece una relación contigo mismo que te permita transmitir la verdad, ya sea positiva o negativa, con pulcritud o descuidada, como sea. Una vez que estableces ese hábito de honestidad-en-la-comunicación contigo mismo, es mucho más fácil que seas honesto con los demás. Crea ese espacio seguro para ti mismo y luego lo podrás extender a todo el resto. Si lo haces, los antiguos bloqueos de la comunicación, juicio, miedo y culpa, se convertirán solamente en puntos de referencia. Es decir, serán historia. Entonces te podrás comunicar sin ganchos desde ese espacio de verdad dentro de ti y al mismo tiempo tendrás más paciencia con los demás.

Comunicarse sin quejarse

Si quieres que la gente esté de acuerdo contigo, comienza a quejarte respecto a una situación o a una persona que no esté presente. Seguro que conseguirás apoyo, porque esa es la naturaleza de este planeta negativo. Si quieres que la gente no esté de acuerdo contigo, plantéale tu queja directamente a la persona que juzgas como equivocada.

Una mujer me preguntó una vez cuando le daba asesoría:

—¿Acaso no es parte de la comunicación decirle a alguien cuando hace algo mal?

—Explícate mejor.

—Claro. Por ejemplo, el domingo pasado, mi esposo y yo íbamos a salir y a pasar el día juntos. Es como una tradición que hemos creado; trabajamos duro toda la semana y el domingo es para nosotros, pero la semana pasada, él no estuvo listo para salir sino hasta las dos de la tarde. Ya había pasado la mitad del día.

—¿Qué estuvo haciendo el otro medio día?

—Ya sabes, cosas domésticas.

—¿Cómo qué?

—Arregló una repisa en el closet y una llave que goteaba.

—¿Y esos arreglos fueron en tu closet y en tu baño?

—Claro, pero los hubiera podido hacer durante la semana.

—¿Le preguntaste por qué no los hizo en la semana?

—Si. Dijo que estaba ocupado y que no tenía tiempo. Pero ese no es el punto. Después de que finalmente salimos fuimos un rato a un museo y luego dimos un paseo y el día estaba hermoso. Una hora después me dijo que quería hacer un servicio que duraría como hora y media.

—¿Un servicio?

—Sí, un servicio. Cada uno de nosotros hace cosas por otras personas, en la iglesia, en un orfanato, cosas así, sólo por el gusto de hacerlo.

—Suena bien—comenté.

—Sí, así es pero el punto aquí es: ¿por qué no hace el servicio por mí o por nosotros? ¿Por qué no me hace a mí su prioridad el domingo, y en especial siendo que habíamos hecho un acuerdo al respecto?

—¿Le dijiste eso?

—Si, y dijo que él podía hacer su servicio después de la cena. Pero los domingos, antes y después de la cena, eran para nosotros. Entonces volvimos a casa para que él pudiera organizar lo de su servicio. Y sí, le comuniqué muy claramente que estaba muy molesta por las elecciones que él había hecho.

—¿Y tú qué hiciste mientras él hacía su servicio?

—Escuché música. Hice un crucigrama. Adelanté una correspondencia atrasada y la verdad es que al final me sentí aliviada de poder escribirle a mi madre.

—Parece que usaste el tiempo de forma constructiva.

—Si, sin duda. Pero el punto es que después de

todo eso, me relajé y fui a preparar la comida y para ese momento él estaba muy molesto. ¡Después de que yo lo había soltado! Estaba herido y furioso conmigo por haberme disgustado y a pesar de que yo estaba dispuesta a cocinar y a ser amorosa, él estaba frío. ¡Entonces ahí tienes tu comunicación!

—Tu falta de comunicación, querrás decir

—¿Cómo así? Yo le comuniqué honestamente que me parecía que sus prioridades eran absurdas. Le dije que el domingo era nuestro día y que no tenía derecho a arruinar el único día de la semana que teníamos para nosotros. Fui muy clara.

—Lo que hiciste fue culpar, juzgar, criticar y castigar. Y encima de todo, le negaste tu amor. Esa no es la clase de comunicación de la que yo estoy hablando.

—¿Yo hice todo eso?

—Hay mejores maneras de comunicar eso mismo.

—¿Cómo cuáles?

—Qué tal decir: "Mi amor, te quiero mucho y aprecio el tiempo que el domingo hemos reservado para estar juntos. Y te quiero tanto que te voy a ayudar con el closet y con la canilla del agua y a lo mejor también con el servicio. Y si tenemos que estar separados este domingo en particular, te amo lo suficiente como para salir y comprar comida china y tenerla lista para cuando termines tu servicio".

—¿Pero y él qué? Yo estaba lista para soltar el malestar e incluso para comunicárselo. Le dije: "Soltémoslo; ya no estoy molesta ni disgustada". Fue él quien se aferró a las emociones, no yo.

—¡Vaya, vaya! ¿No crees que están jugando un gran partido de ping pong? Él hizo esto, tú dijiste eso, él reaccionó y ¡tú te indignaste con justa razón! Lo único que se comunicaron fue separación.

—Pero yo sólo quería estar con él porque lo amo.

—Entonces díselo. No te comuniques a través de tus juicios, de tu dolor emocional o de tus decepciones. Habla con los labios que tan sólo lo aman, mira a través de los ojos que sólo lo aman, siente a través del corazón que sólo lo ama, y no se te puede negar nada. Aún el hecho de que él se apegue al malestar se va a disolver al calor de una paciencia amorosa.

Crea ese espacio seguro, en especial frente a las decepciones. Practica comunicar la información, no haciendo sentir culpable sino con amor. No con temor sino con el valor que da la sensibilidad. No sintiéndote culpable, sino admitiendo y aceptando.

Si compartes la verdad tal cual la percibes con tu corazón, vas a comunicar información que no será ni positiva ni negativa. Será sólo información. Entonces la persona que la reciba podrá manejar esa información con su corazón. La respuesta probablemente será sincera ¿No es eso lo que quieres? Yo creo que sí.

LA COMUNICACIÓN PRIMORDIAL

Los peores disturbios sociales que tienen lugar en este planeta no tienen su origen en la gente que se junta y que se comunica deficientemente entre sí; se originan en el interior de cada individuo.

La persona que te puede entender mejor, que te puede cuidar mejor, que puede hacer más por ti, eres tú. La comunicación primordial se da en la relación que mantienes contigo mismo. Para mantener esa relación armónica no tienes que ser perfecto, porque ese no es un requisito de este planeta. Lo que sí es necesario para tener una relación interna equilibrada es estar en un proceso permanente de de auto-educación. Obviamente el tema te interesa porque estás leyendo este libro.

El paso siguiente es activar o poner en práctica lo que has aprendido para poder sintonizarte con la fuente de tu verdadero yo. El tomar conciencia juega un rol importante en esta activación. Por ejemplo, es muy probable que hayas vivido situaciones en las que reaccionaste negativamente a nivel emocional. Esas son las situaciones que requieren que tomes conciencia para que luego pongas en práctica lo que has aprendido, ya sea deteniendo tu reactividad o redirigiendo esa energía emocional para no dejarte arrastrar por ella.

¿Y cómo lo haces? Puedo darles el ejemplo de una persona bastante terca que conozco, la que en el pasado, cuando alguien no estaba de acuerdo con él, se atrincheraba como si se tratara de una situación de vida o muerte en vez de escuchar, aprender e incluso ceder. Con el tiempo aprendió que lo único que conseguía era enojarse, según él justificadamente, y eso difícilmente llega a ser un regalo o brinda algún beneficio en esta vida. Eventualmente, siendo más disciplinado, aprendió a orientar esa energía que él usaba para sustentar su terquedad hacia un propósito más positivo. Se disciplinó para que cuando le surgieran esas sensaciones de que algo era de vida o muerte no reaccionara sino que simplemente escuchara. En última instancia, aprendió a utilizar los estímulos que le llegaban de las demás personas para enriquecer sus propias respuestas, su trabajo, sus relaciones y su vida. Y todo comenzó con el acto de tomar conciencia. Se trata de que te eleves lo suficiente como para que puedas observar tu comportamiento en vez de ser una víctima del mismo. Cuando adquieres la altura de miras como para mejorar tu actitud, has logrado un gran nivel de comunicación contigo mismo.

Algunas personas sufren o experimentan negatividad y ruegan para que las cosas mejoren. No estoy denigrando la oración, pero sé que la respuesta a todas tus plegarias ya la tienes dentro de ti, en ese lugar interno que te proporciona la energía necesaria para levantarte todas las mañanas y que llamamos el Alma.

La energía del Alma generalmente se experimenta como una sensación de bienestar, de contento, de alegría y de paz. No es un estado de inactividad, sino de una acción dirigida y vital. Experimentas la energía de tu Alma cuando te comunicas con ese lugar, cuya naturaleza es bondadosa y se encuentra libre de irritación.

Puedes mantener ese equilibrio interno comprometiéndote a estar en comunicación interna, que se conoce también como un estado de toma de conciencia. La mente se siente atraída hacia el mundo físico y se comunica a través de las emociones y del cuerpo, intentando lograr satisfacción a través de las cosas materiales. Sin embargo, el Alma tiene la tendencia a retraerse de los apegos del mundo. También sabe que debe rendir cuentas de cualquier cosa que haga aquí. Tu Alma, tu verdadero ser, carga la responsabilidad de todo lo que tú crees.

Estás en este mundo para aprender la forma más elevada de comunicación en toda circunstancia, que es el amor incondicional. Parte de ese proceso consiste en que aprendas a crear con sabiduría para lograr que las cosas se completen. En otras palabras no empieces algo que no puedas completar con amor. Desde luego que, como ser humano que eres, vas a experimentar conflictos, confusiones, desacuerdos y separaciones. Pero inclusive esas experiencias se pueden concluir amorosamente. Te puedes separar físicamente de alguien, sabiendo e incluso diciendo: "Te amo, pero el tiempo que compartimos ya no es constructivo para mí". Ese tipo de comunicación es muy superior a culpar a la otra persona de la separación.

Una clave importante en la comunicación es que la energía sigue a los pensamientos que mantienes.

Dondequiera que comuniques y dirijas esa energía espiritualizada en el mundo material, las cosas van a manifestarse. Eso en sí es positivo y negativo al mismo tiempo. Si piensas en el éxito, no como una posibilidad sino como algo tangible y te enfocas en eso, el Espíritu te va a apoyar activamente para que lo logres. Esto no implica necesariamente que te sientes en tu casa y ruegues para sacarte la lotería y convertirte en millonario, y que el Espíritu te lo conceda. Es más probable que el Espíritu, con tu apoyo, te oriente hacia las acciones que te acarrearán el éxito. A veces sólo se trata de que pienses en el éxito; y entonces surgen los pensamientos de prepararte adecuadamente y la vida te brinda esa oportunidad.

Si tus pensamientos son negativos, también pueden manifestarse. Hay un refrán que dice: "Todo lo que temes te llega", y eso quiere decir que si te comunicas a ti mismo pensamientos, sentimientos o actitudes de temor es muy probable que atraigas eso que temes. Es incluso posible que crees la cosa misma que temes.

¿Existe una fuente real de temor? No. ¿Existe realmente el temor? Sí. Existe dentro de ti, y tú lo creas. Tú le das vida a tu propio miedo. Sin embargo, por debajo del miedo existe la vida que te permite crear y comunicar lo que sea que quieras. Así es el amor incondicional del Espíritu, que te permite comunicar y hacer todo lo que decidas con tu cuerpo, tus emociones y tu mente.

Tus sentimientos respecto a las cosas determinan en gran medida lo que haces con tu cuerpo, y por lo general cómo te sientes está influenciado por lo que piensas. Si te sientes deprimido es posible que no tengas ganas de limpiar la casa, cortar el césped o mandar a arreglar el auto y tal vez decidas no hacer nada de eso. A menudo, la sensación de depresión es simplemente falta de energía para mover tu cuerpo en acciones constructivas.

Debajo de esa sensación existe una comunicación más profunda o, mejor dicho, más elevada, que es mucho más que tus pensamientos limitantes o que tu sensación de depresión. Y es la comunicación con el Alma, que es parte de Dios. El Alma irradia energía desde el nivel superior del Espíritu hacia tu mente, tus emociones y tu cuerpo; tu misión es aprender a captar esa comunicación. La forma de comunicación más elevada que tienes a tu disposición es tu sintonización con esta energía del Alma. Cuando experimentes ese nivel de comunicación entenderás que las palabras no pueden describir adecuadamente esa experiencia "perfecta". Y una vez que hayas experimentado la conciencia del Alma, querrás más. Lo positivo de todo esto es que siempre hay más disponible.

Uno de los más grandes mandamientos dice: "Amarás al Señor, tu Dios, con todo tu corazón, toda tu alma, toda tu mente y todas tus fuerzas", (Marcos, Versículo 12:30, Versión Reina Valera Antigua). Eso significa por entero. El otro gran mandamiento es: "Amarás a tu prójimo como a ti mismo", (Marcos, Versículo 12: 31, Versión Reina Valera Antigua). Eso implica que debes amarte a ti mismo primero. Cuando te comunicas con amor y a partir del amor verdaderamente, que es ese lugar superior que está siempre a tu disposición, la energía de Dios fluye a través de ti. Entonces podrás acercarte a tu esposa o a tu esposo, a tu hijo, a tu jefe, a tu colega, a tu maestro, a tu estudiante, a todos, y contactarte con ellos a través de una comunicación simple y sincera, y tal vez los veas transformarse frente a tus ojos. No busques milagros de ciencia-ficción como en las películas. Sólo comunícate amorosamente y recibirás amor. Puede que ese sea el principal milagro de Dios.

Se te dio la vida para que tengas alegrías y para que las experimentes en abundancia; si eso no está sucediendo, revisa lo que estás haciendo y qué te lo está impidiendo.

Comunícate esa información a ti mismo con integridad, sin importar tu ego o tus preferencias. Entonces usa la información, no de munición para juzgarte, sino como una oportunidad para elevarte.

Eres un creador y por eso mismo, quien origina la comunicación. Durante tu estadía en este mundo, tu misión más elevada es transmitir una sensación de amor, a través de cada uno de tus actos, ya sea por omisión o por comisión. Si lo pones en práctica, al final de esta corta existencia estarás asentado en esa conciencia de amor en donde la comunicación primordial es simplemente un hecho.

5

LA RELACIÓN
CONTIGO MISMO

Tal como lo mencioné en la introducción, todas las relaciones son en última instancia la relación que tienes contigo mismo y a menudo reflejada por los demás. Lo bien o mal que te llevas contigo mismo se refleja directamente en la forma en que te llevas con los demás. Desde luego que si no estás en buenos términos contigo mismo es posible que no lo asumas y hagas lo de siempre: culpar a otro.

Sugiero que te decidas a romper los patrones de infelicidad y de desamparo aceptando una verdad bien simple: cuando abandonas a alguien (ya sea a tu amante, tu esposo, tu colega, tu jefe, alguno de tus padres, etc.), sigues clavado con lo que hay dentro de ti que causa infelicidad. Eso no te convierte en una persona mala o equivocada. De hecho, una vez que comprendes que la causa de tu infelicidad está en tu interior, estás preparado para cambiar y transformar esa causa.

Vivir en el planeta Tierra puede convertirse en un arte basado en una premisa científica. El arte es tomar la vida como una experiencia espontánea, y parte de la premisa científica es que valides tu propia experiencia.

Las opciones que tienes son vivir en el presente, quedarte ligado al pasado o dejarte llevar por la ansiedad en relación al futuro. Esa persona que vas a conocer mañana no tiene nada que ver con aquello que no lograste con tu padre 14 años atrás. La reacción de tu pareja anoche no tuvo nada que ver con las restricciones que te impusieron hace 22 años. La actitud de tu jefe con tu proyecto no tiene nada que ver con el miedo condicionado que acarreaste al trabajo. Y sin embargo, puede que vayas de situación en situación soltando fantasmas condicionados al enfrentar exigencias emocionales.

¿Sabes quién es el que se relaciona? Tú no. No el verdadero tú. Tal vez te estés relacionando a través de los fantasmas de tu pasado y posiblemente, de las fantasías que proyectas a futuro.

Cuando te encuentras en medio de un sufrimiento emocional porque él dijo algo que te hirió, o cuando te sientes furioso por el comportamiento de ella ¿adivina quién está fuera de equilibrio? Eres tú jugando con tus fantasmas o con tus fantasías en los cuartos embrujados de tu vida. De niño posiblemente hayas celebrado el día de Halloween una vez al año y que te haya encantado sentirte aterrorizado. Como adulto condicionado tal vez juegues al Halloween todos los días de tu vida y si no estás en contacto con el amor, puede ser aterrador.

Lamentablemente, la mayoría de nosotros, la mayoría de las veces culpamos a los demás del sufrimiento que existe en nuestra vida.

Mi esposo no se acordó, mi novia me ignoró, mi mamá no debería haber, mi papá debería haber, mi jefe me saca de mis casillas, el Presidente hizo esto, el Senado dijo aquello, todo es culpa de ellos y si yo me siento tan desgraciado es por ellos. Si esto es lo que haces, te relacionas con ellos como la causa y tú te conviertes en el efecto. Como en el experimento de Pavlov, les das la campana para que la hagan sonar y tú decides ser el perro que saliva.

He escuchado a muchísimas personas decir: "Pero si lo único que quiero es ser feliz". Ser feliz. No puedes comprar un kilo de "ser feliz". Ningún siquiatra, líder religioso, político, figura paterna, autor de algún libro de auto-ayuda o maestro espiritual pueden otorgarte el poder de ser feliz o infeliz. Pero puedes ser lo que eres ahora mismo y llegar a donde quieras, haciendo todo lo necesario para llegar allí.

Si suena confuso, hablemos de algo específico como el control del peso. ¿Tienes exceso de peso, estás bajo de peso o perfectamente balanceado en este momento? Una de las cosas que te conviene ser en este momento es honesto. Lo más probable es que pienses que de alguna forma no estás en tu peso ¿verdad? Es obvio que puedes adelgazar, engordar o estar balanceado dependiendo de cuánto y cómo elijas comer.

Las relaciones funcionan igual. Tú eliges lo que contribuye a que estés emocionalmente delgado, obeso o balanceado. Tú eliges estar feliz o triste, tú eliges tener una relación satisfactoria o que te produzca sufrimiento. La mesa está servida de platillos que te adelgazan y te dejan con hambre o que te engordan porque te atiborras; y también, si eliges sensatamente puedes lograr un equilibrio satisfactorio que además sea correcto desde el punto de vista nutricional. Esto se aplica a la relación con tu cuerpo, contigo mismo y con los demás.

Nuestro estado "natural" es ser amorosos. No tienes que esperar un milagro divino para que esto suceda. El hecho de que estés aquí y ahora, vivo, inhalando y exhalado, queriendo saber cómo sentirte pleno es en sí un milagro. El milagro está aquí presente, ahora mismo si tienes la voluntad y el valor necesarios para aprovecharlo.

El milagro empieza con la aceptación. Cuando logramos ese estado en que nos aceptamos a nosotros mismos tal cual somos, sin ningún juicio, estamos en situación de soltar cualquier apego a lo que no somos. El apego a lo que "debería ser", a lo que "debería tener" o a lo que "sería necesario" puede producir rabia, miedo, resentimiento, rechazo o culpa, las cinco emociones primarias que te pueden bloquear a que obtengas lo que quieres.

Tómate el tiempo que requieras para lograr ese estado de aceptación. Los seres humanos tenemos muchos obstáculos condicionados que vencer. Tente paciencia mientras tratas de mejorar tu vida. Y lo más importante, sé amoroso. No hay nunca una razón lo suficientemente poderosa como para negar el amor.

Artista y científico

Puedes encarar tu vida como un artista o como un científico. Los científicos realizan una acción y luego observan los resultados. Si la acción no les brinda los resultados esperados, cambian la estrategia hasta que dan con la acción que funciona. Aplicando esa permisa, puedes observar los resultados de tus acciones científicamente y hacer los cambios para lograr el resultado que persigues. Asumamos que el resultado que quieres lograr con este experimento llamado vida sea la dicha. Si estás experimentando sufrimiento, puedes modificar lo que estás haciendo. También puedes observar qué acciones producen dicha y expandirte para alcanzar esa expresión.

Como artista creativo puedes pintar el cuadro de tu vida. Si ves que un comportamiento o una actitud no encajan en la visión artística de tu vida, posiblemente sea porque éstas no te sirven. Ten el valor y la inteligencia de cambiar el estilo artístico y comprométete creativamente con otra propuesta. Los artistas experimentan y se arriesgan para tomar contacto con la expresión original dentro de ellos. Corre el riesgo artístico y mantén contacto contigo mismo internamente. ¿De qué manera?

¿Qué formas has intentado hasta ahora? Si tu propuesta ha sido "culparlos a ellos" el resultado, que es la dicha, tal vez sea limitada. Examina todo lo que haces y pregúntate: "¿Incrementa esto mi dicha, mi capacidad de amar y mi abundancia?" Ese es el único criterio que funciona si examinas tu vida científicamente. Los resultados que se esperan en el experimento llamado vida son: mayor dicha, amor y abundancia.

¿Qué otros métodos has usado? ¿Casarte, divorciarte y volverte a casar? ¿Cómo te fue cuando intentaste cambiar a alguien para que se adaptara a tus ideas y a tus deseos? ¿Lograste que cambiara? Probablemente no.

Ir de aventura amorosa en aventura amorosa, ¿te funcionó? Permítame compartir una conversación que sostuve con alguien a quien le di asesoría. Él dijo:

—Las aventuras amorosas aliviaban mi soledad.

—¿Y ahora?

—Ahora quiero más que eso.

—¿Más de qué?

—No sé.

—Bueno, entonces dime ¿qué es lo que quieres menos?

—No quiero más aventuras de una noche

—¿Por qué? Pensé que habías dicho que aliviaban tu soledad.

—Sólo en el momento, mientras abrazaba a la otra persona.

—¿Y a quién abrazabas realmente?

—A alguien que yo esperaba me amase para siempre.

—¿Y fue así?

—No

—Entonces abrazabas a una ilusión o fantasía

—Sí. Por eso no quiero tener más aventuras de una sola noche. Aunque en ese momento mi sufrimiento se aliviaba, no compensaba el vacío que sentía posteriormente. El sabor amargo en mi corazón era terrible.

—Bien.

—¿Cómo bien? ¿Te parece bien ese sufrimiento?

—Claro. Algunos sufrimientos valen la pena.

—¿Cómo así?

—A veces estás tan cansado y enfermo de estar cansado y enfermo que te comprometes a cambiar. Entonces puedes aprender sobre aquello que no te sirve.

—Pero yo quiero aprender sobre lo que sí me sirve y no sobre lo que no me sirve. Quiero saber qué hacer para ser feliz.

—Bueno, miremos las relaciones como si fueran una dieta alimenticia. Cuando evitas comer ciertas cosas que producen exceso de grasa, el resultado es que te vuelves esbelto. Lo mismo sucede con las relaciones. A medida que eliminas las acciones que crean desarmonía en tu vida, el resultado es armonía. La armonía es un estado natural del ser. Tú no naciste para vivir únicamente en sufrimiento y negatividad.

—¿Entonces cómo puedo volver a descubrir mi armonía natural?

—Tu naturaleza positiva se reafirma automáticamente cuando dejas de hacer las cosas antinaturales que obstruyen tu armonía. No se trata de que encuentres las cosas que te sirven. Las cosas que te sirven te encontrarán a ti.

—¿Cuánto tiempo puede tomar eso?

—Menos del que piensas y más del que te gustaría.

—No sé si pueda esperar.

—Por supuesto que puedes. Ya has esperado para llegar hasta aquí.

—Se me está agotando la paciencia.

—En otras palabras, quieres aprender a tener paciencia y quieres aprenderla ya.

La persona se rió y se dio cuenta de que no había otra opción sino ocuparse de lo que se le presentara con una nueva actitud, que implicaba tomar conciencia y además, tener paciencia.

La dificultad que surge en la búsqueda de la felicidad es que la gente a menudo busca la felicidad afuera. Si encuentran a esa persona especial que creen les va a cambiar la vida, puede que comiencen a vivir en función de ese alguien. Ese sendero podría conducirlos a la esclavitud emocional y al resentimiento. Es el tipo de enfoque que dice por un lado: "Haré lo que sea por ti" y por el otro: "Y más vale que me ames por hacerlo". Eso no es amar. Eso es chantaje emocional.

Si haces alguna cosa por alguien por una razón diferente a que por dentro simplemente te sientes libre y lleno de amor hacia esa persona, puede que se vuelva en tu contra y que te sientas negativo y con una gran sensación de pérdida. ¿Pérdida de qué? De tu poder. Puedes entregar tu poder buscando aprobación, pero el reconocimiento externo jamás será suficiente para hacerte sentir valioso. No tienes que salir hacia fuera para encontrar tu valía. Para encontrarla debes ir hacia adentro.

Y la encuentras en ese lugar de integridad en donde reside el verdadero ser, en ese lugar en donde no te engañas a ti mismo: el hogar de la verdad. Tal vez sea un lugar sangriento, de verdadero rigor, y a menudo puede involucrar hasta sufrimiento. Pero el sufrimiento se disolverá, las heridas sanarán y la paz florecerá una vez que elijas y te comprometas a encontrar la fuente de la dicha dentro de ti. Entonces la negatividad se transmutará en el altar de tu honestidad y la flor de tu vida florecerá en dicha, amor y abundancia.

Aquellos que prefieran aplazar esa exploración interna, continuarán buscando la felicidad allá afuera, concentrándose en adquirir cosas, comida o diferentes formas de entretenerse. Tal vez cambien de trabajo, de amante, o el aspecto de su cabello muchas más veces de las que el cabello pueda soportar. Tal vez se muden a otro lugar, pensando que van a encontrar la felicidad en otra parte, cualquier distracción con tal de evitar enfrentarse a la verdadera fuente de infelicidad que está adentro. La paradoja radica en que la verdadera fuente de la felicidad está en ese mismo lugar. Pero para llegar a la verdad, hay que atravesar primero algunas decepciones e ilusiones. Se requiere valor, pero la recompensa bien vale la pena.

Cuando te sientes insatisfecho, separado de ti o solo ¿buscas a veces algo o a alguien allá afuera para que te haga sentir entero, completo o acompañado? El hecho es que nada ni nadie allá afuera puede completarte; todas las distracciones que tienes a tu disposición no palian la soledad, excepto por un corto tiempo. Si alguna vez te sientes solo, no tienes que auto-compadecerte ni detestarla. Sencillamente toma esos sentimientos como información y no de razón para sentirte desolado.

La soledad es simplemente parte de tu hambre escondida que quiere crear. Esa necesidad no tiene que manifestarse como desesperación; puede servir de estímulo para que expandas tu capacidad de expresarte. Y se puede manifestar en expresiones creativas tan positivas como pintar, cocinar, nadar, danzar, jardinear, actuar, estudiar, escribir, servir a otros, cuidar a un niño con una energía creativa nueva, y de tantas otras maneras.

Estas expresiones positivas son mucho más que "meros sustitutos" de aquello que dices querer de verdad: tu príncipe azul o tu princesa encantada, un trabajo en particular, dinero o esa propiedad. En vez de permitir que esos deseos se apoderen de ti, puedes despertar ahora y en la medida que expreses tu propia belleza creativa, vas a atraer esa belleza y riqueza en los demás. No te conviertas en la Bella Durmiente que despierta sólo cuando el príncipe la besa. No tienes que dormir durante tanto tiempo. No seas el sapo que espera ser transformado por el beso de la princesa. Sé tu propio despertador a la belleza y al poder que está vivo en ti en este mismo instante.

No tienes que pagar el precio tradicional de la soledad. Todos sabemos que la soledad puede manifestarse de formas destructivas como comer en exceso, empezar a consumir azúcar, nicotina, alcohol o drogas; conducir con imprudencia o ceder al sexo sin un sentido. (Mi definición de sexo sin un sentido es hacer el amor sin amar.)

La soledad, al igual que la depresión, la ansiedad y el rencor, son manifestaciones de tu falta de unidad contigo mismo. No evites el sentimiento de soledad buscando escapatorias externas. En cambio, usa la información para ir adentro y para conectarte contigo mismo tal cual eres, entonces, a partir de ese estado, elige expresiones que te conduzcan a donde quieres llegar; como individuo y persona que ama convierte esto en un regalo amoroso para ti y para aquellos que estén contigo. Me refiero a expresiones tan simples como hacer ejercicio o tomar clases de baile, leer para los ciegos, dar o recibir un masaje, jugar, hacer ejercicios espirituales, pintar, dedicar un día de la semana a decir sí en vez de no a todas las peticiones razonables, y comprometerte a encontrar el humor en por lo menos la mitad de las cosas que te parecen serias.

CREENCIAS, LIMITANTES O LIBERADORAS

Tu relación contigo mismo puede cubrir un amplio espectro. Si te defines a ti mismo como tu cuerpo físico, esa definición es bien limitante. Si te defines como tus sentimientos, entonces estableces otra serie de límites. Si te defines como tus pensamientos, entonces por lo menos estás expandiendo tus fronteras.

Sin embargo, veamos ahora algunas definiciones o creencias que tal vez limiten el amar y la dicha en tu vida. Tal vez estés dejando que una o más de esas creencias te manejen, en vez de darte la libertad para tener una relación elevadora, primero contigo mismo y luego, con los demás.

He aquí algunas creencias limitantes. Mira a ver si te identificas con alguna de ellas:

- Si no estoy obteniendo logros es porque no soy valioso.
- Debo sentirme completamente amoroso con todo

el mundo todo el tiempo.
- Mi niñez determinó lo que yo soy ahora.
- Tengo que casarme y tener hijos para convertirme realmente en una mujer.
- Yo debería estar adaptada y no lo estoy.
- Tengo que ser lo que tú quieres que yo sea para poder ser feliz.
- Éxito y dinero equivalen a ser merecedor y a poder ser amado.
- Tengo que ser perfecto en todo.
- Tengo que ser delgado para que me quieran.
- Una persona espiritual no se siente furiosa, molesta, celosa ni es ambiciosa.
- Ya estoy muy viejo para empezar de nuevo.
- Va a ser más fácil cuando esté más viejo.
- Va a ser más fácil cuando me case.
- Va a ser más fácil cuando me divorcie.
- Si hay problemas, es por mi culpa.
- Si hay problemas no es culpa mía, es culpa de ellos.
- Debo controlarme siempre.
- Tengo que hacerlo bien a la primera.
- No se puede tener una relación satisfactoria y una carrera exitosa al mismo tiempo.
- Debes ganar el dinero con el sudor de tu frente.
- Si supieran realmente como soy, yo no les gustaría en lo absoluto.
- Debo asegurarme de que todos sean felices para que yo pueda ser feliz.
- Si alguien no me aprueba o yo no le gusto debe ser porque soy malo en algún sentido.
- Algún día aparecerá mi caballero en su brillante armadura y me va a rescatar de todo esto.
- Algún día voy a conocer a la mujer de mis sueños y todo va a resultar a la perfección.
- No puedo ser amoroso y espiritual y al mismo

tiempo tener éxito en el mundo de los negocios.
- Debo estar enamorado todo el tiempo para poder ser feliz y sentirme satisfecho.

Tal vez hayas descubierto que al menos uno, y probablemente varios de estos conceptos limitantes, forman parte de tu sistema de creencias.

No te desanimes si te diste cuenta que te has identificado con algunas de estas creencias. Si partes desde donde te encuentras, sin juicios ni culpa, estás en la posición más óptima para vivir, aprender y amar tu camino hacia la plenitud de quien realmente eres.

¿Oscilas con el péndulo de la negatividad?

En algún momento de nuestra vida todos hemos sentido la necesidad de ser amados y la mayoría de nosotros alguna vez sintió también el impulso de expresar amor, pero no lo hizo. Por la razón que fuera, simplemente no lo hicimos y eso ha quedado grabado en nuestro ser. Cuando no expresamos el amor que sentimos, este se apaga, y la próxima vez que ese sentimiento aflora, resulta más fácil no expresarlo.

En el transcurso de la historia, mucha gente efectivamente ha apagado su conciencia amorosa, que es la expresión de quienes son verdaderamente. Y todo esto sucede de forma absolutamente justificada. Por lo general decimos algo así: "Ellos no se lo merecen. Sólo van abusar de mi amor. Me van a rechazar. Me van a herir".

Es posible que en ocasiones te hayas sentido rechazado, resentido y herido. Y es muy probable que te hayas hecho todo eso a ti mismo también antes de que alguien te las pudiera hacer. Cabe la posibilidad que durante el período de auto-rechazo alguien tuviera un sentimiento amoroso por ti y que seguramente esperaba alguna muestra de interés de parte tuya, como una sonrisa, una expresión de ternura, que le permitiera acercarse a ti. Podría haber sido un amigo, un romance potencial, uno de tus padres o un colega. Al no haber ninguna muestra de interés de tu parte, tal vez la otra persona se sintió rechazada. Es como un péndulo de negatividad; después de que oscila por un tiempo, seguramente olvidas quién le dio el primer empujón. Simplemente continúas manteniendo el ritmo del hábito negativo.

Cuando te montas en ese péndulo adquieres la habilidad única de manifestar exigencias tan rigurosas que nadie es capaz de cumplirlas, ni siquiera tú mismo. ¿Qué tal si le permites a la gente que crezca a tu alrededor (incluyendo a tus padres)? ¿Qué tal si te permites a ti mismo crecer? Parte del crecimiento es dejar cabida a los errores. Parte del proceso de maduración es admitir los errores como experiencias de aprendizaje y no como experiencias de enjuiciamiento. Podría transformarse en un proceso vivo de flexibilidad y capacidad de adaptarse, en el cual no sólo nos permitimos sino que nos alentamos unos a otros a crecer.

Los seres humanos tenemos una extraordinaria habilidad para tomar y soltar cosas muy rápidamente. Paradójicamente, también tenemos la habilidad de asumir patrones de comportamiento muy rígidos que nos dominan. Cuando estamos dominados por ellos tenemos la tendencia a juzgar a los que no ven las cosas como nosotros. Los juzgamos por el marco de referencia de su género, su iglesia, su escuela, su vocación, su cuenta bancaria, su forma de bailar, el color de su piel, su edad y su cultura. Los juzgamos porque no hacen las cosas igual que nosotros. Todos esos juicios surgen básicamente de nuestro deseo de justificar nuestros propios sentimientos de separación, rechazo y dolor.

Te sugiero que te arriesgues y le preguntes a esa persona de frente y de corazón a corazón, algo bien simple: "¿Me quieres hacer daño?" Es posible que la respuesta sea: "Claro que no". La intención, rara vez y tal vez nunca, sea herirte y aun así es la experiencia que eliges para que gobierne tu vida. Puedes oscilar en ese péndulo de dolor, que con el tiempo te puede llevar al abismo de la depresión.

Si caes en una depresión, la mejor manera de manejarla es, antes que nada, permitirte experimentar una depresión. Es decir, no te juzgues por estar deprimido. De hecho, hasta podrías disfrutar de tu depresión ya que con seguridad tu intención es tenerla de todas formas. Si sufres un ataque de ansiedad, te puedes ayudar entrando en contacto con ella para ver realmente de qué se trata.

La ansiedad y la depresión no suceden sólo porque pienses en ellas, entonces tampoco las puedes resolver a través de un proceso mental. Cuando tomas contacto con una de esas experiencias, puedes seguirle la pista no sólo hasta llegar a lo que parece la causa obvia del estado, como: "Él realmente me provocó cuando..".., sino más allá, hasta la verdadera localización física de esa sensación: en la espalda, en el estómago, en la columna, en la garganta. Existen formas de liberar físicamente la experiencia; tú tienes el poder y la habilidad en tanto lo reclames. Cuando te haces cargo de tus sentimientos de depresión o de ansiedad y te conectas con su origen, puedes trascender cualquier sentencia de por vida de confinamiento solitario.

Tomar contacto con uno mismo

¿De dónde venimos y hacia dónde vamos? Si nos detenemos y nos hacemos estas importantes preguntas, estamos menos expuestos a ser dominados por nuestra propia ignorancia. (La ignorancia sólo es falta de conciencia).

Cuando vas camino a una cita, y te pones furioso con un conductor que va muy lento y le tocas la bocina insistentemente, tal vez estés actuando con ignorancia. ¿No sería interesante considerar que tal vez ese conductor lento te esté evitando un accidente dos cuadras más adelante? Puede que no puedas establecer si la furia que te impulsa a gritar con las ventanas cerradas, y que puede repercutir adversamente en ti, tenga que ver con el conductor, con tu propia ansiedad por la cita o, es más, con alguna otra situación en tu vida.

Si entras a un estacionamiento y te molestas con el empleado porque no habla bien tu idioma, ¿tiene eso que ver con el empleado o con tus juicios condicionados habituales que dicen que una persona que no habla tu idioma correctamente es mala?

Es obvio que la mayor parte del tiempo la gente reacciona emocionalmente a situaciones que no son la causa real de su molestia. Al convertir en la causa al conductor lento o al empleado del estacionamiento, puedes estar evadiendo aquello que verdaderamente lo está ocasionando. Si tu interés es ponerte en contacto a un nivel más profundo con lo que pasa dentro de ti, te sugiero que dediques un tiempo todos los días, temprano en la mañana y antes de salir al mundo, y que pases las imágenes de tus preocupaciones a través de la lente de tu conciencia. Durante este proceso, puedes examinar las acciones, elegir acciones y dejar ir la ansiedad. También en la noche, antes de irte a dormir, revisa el día y repasa los eventos y relaciones que te puedan tener atrapada tu energía. Lo que surja en tu mente podría estar relacionado con las últimas horas, la noche anterior, la semana entrante, hace 20 años; no importa. Simplemente date el tiempo para estar en contacto contigo. Tómate el tiempo para liberar los eventos, los pensamientos y los sentimientos sin enjuiciarlos y con compasión, y entonces lee lo que está escrito en tu corazón.

Ponle el nombre que quieras: contemplación, meditación, mirar fijamente por la ventana; éstas son sólo denominaciones. Lo importante es que cuando te dediques por un momento a estar contigo mismo, te vas a sorprender de lo que aflore. Con toda seguridad te sentirás aliviado al mismo tiempo, porque una vez que te pones en contacto con lo que realmente contribuye a hacerte sentir incómodo, también te pones en contacto con una manera de completar y equilibrar la acción.

Despeja la molestia antes de que ésta se convierta en enfermedad. Es muy posible que el resultado de tu compromiso de tomar contacto haga surgir la solución. Puede ser tan simple como reconocer las situaciones y los sentimientos con honestidad para ti mismo; a veces puede ser hablar y ser más honesto con otra persona. También podría significar escribir esa carta que te comprometiste a escribir, pagar una cuenta, hacer una llamada, limpiar una habitación o estudiar para el examen.

Para darles un ejemplo de lo que es ponerse en contacto con la fuente del malestar emocional, un amigo me autorizó a compartir algo que le sucedió a él:

"Una mañana me enojé con mi esposa porque los huevos estaban pasados. A partir de allí entramos en una discusión respecto a que ella cocinaba y cuidaba a los niños, y que yo trabajaba en el mundo, pagaba las cuentas y me ocupaba de los arreglos de la casa. Era el final del invierno y las ventanas no podían abrirse por la escarcha que las cubría. Mi esposa dijo que como yo estaba a cargo de los arreglos de la casa, qué tal poder abrir las ventanas de la cocina para que entrara aire fresco. Yo ya estaba listo para irme al trabajo, con los guantes puestos para protegerme del frío. En medio de nuestra acalorada discusión me dirigí a la ventana y traté de abrirla a la fuerza. La ventana no cedió a pesar de mi presión y de los empujones. Finalmente, en medio de mi impaciencia y furia, "accidentalmente" golpee con mi mano enguantada el marco de la ventana y lo rompí, gritándole: "Ahí tienes tu aire fresco".

Doce años después de divorciarnos, esa escena se me vino a la mente. Y lo más impresionante es que pude ver la causa real de mi enojo, y que no tenía nada que ver con los huevos. Tenía que ver con el hecho de que nuestra vida sexual no fuera satisfactoria, pero ninguno de los dos tenía el valor de hablar del asunto. Como consecuencia ambos vivíamos una mentira y convertimos los huevos y la ventana en el motivo de la contienda.

Después seguí examinando las cosas con mayor profundidad y recordé una situación cuando yo era niño en que mi hermano tuvo escarlatina y me enviaron a casa de mi abuela para que no me contagiara. En esa época yo cursaba segundo grado en la escuela y cuando recibí mis calificaciones obtuve la mejor nota en todo. Llamé a mi mamá por teléfono para contarle sobre mis calificaciones y ella tuvo que colgar intempestivamente porque mi hermano experimentó una recaída. En ese momento yo sentí una gran pérdida pero no se lo dije a nadie, ni siquiera a mí mismo. Entonces todos continuamos con una fachada aparente de que todo estaba bien.

Treinta y cinco años después me di cuenta que la pérdida que había experimentado a los siete años yo mismo la había perpetuado a través de casi toda mi vida. Me las había arreglado para entrelazarla sutilmente con mi vida y en mis relaciones.

Por miedo a perder de nuevo una relación importante (¡ya era suficiente con haber perdido una a los 7 años!), ahora como adulto no hablaba honestamente sobre mis necesidades sexuales o mi insatisfacción. No hablaba sobre mi temor a la intimidad porque pensaba que la relación se podría terminar. No entraba en contacto con lo que verdaderamente sucedía dentro de mí. Prefería enfocarme en los huevos y en la ventana".

Esto me hace recordar una historia que leí en las fábulas de Esopo, en donde la moraleja era: "Por culpa de un clavo, se perdió un reino". Tú no tienes que esperar 35 años como mi amigo para ponerte en contacto con lo que realmente te sucede a cada momento. Ni tampoco necesitas volver atrás, a cuando tenías 7 años. En cambio puedes tomar conciencia de que cuando no estás expresando amor tal vez estés viviendo en un estado condicionado que tenga muy poco que ver con lo que suceda o no suceda en el momento.

El amar se convierte en una expresión natural una vez que atraviesas las telarañas del pasado o las imaginarias del presente o del futuro. No tienes que entender ni analizar una telaraña, y rara vez te sirve ignorarla. Puedes reconocer y aceptar el hecho de que tú, igual que todos los demás, tienes un filtro condicionado y entonces simplemente proceder, actuar y hacer aquello que te permita traspasarlo, y acceder a donde se encuentra el hábito natural del amor que es el tú verdadero.

Hay tantas cosas que puedes hacer para respaldar tu compromiso. Una es leer este libro y poner en práctica una o varias de sus sugerencias. También existen grupos de apoyo que te pueden ayudar a superar tus condicionamientos y transformar tu forma de tomar este asunto llamado vida. Algunas personas participan en organizaciones de crecimiento de la conciencia, con un enfoque ya sea espiritual o educativo.

Conozco algunas organizaciones cuyo propósito es apoyar a las personas a descubrir y a activar su ser verdadero. También tienes otras opciones que pueden ser realmente importantes para ti, en la medida en que las valores. En otras palabras, te pueden servir si las pones en práctica. Búscalas, ponlas a prueba, verifica lo que funcione para ti. ¿Cómo saber si un proceso en particular te sirve o no? Revisa tu comportamiento que crea experiencias negativas y ve si éstas han disminuido y si estás creando más dicha y abundancia en tu vida. Y no estoy hablando de manera teórica. Hablo de vivir una vida que realmente esté llena de risa y de amor.

RELACIONES Y LIBERTAD

Mucha gente tiene prejuicios acerca de las relaciones. Algunos piensan que una relación íntima les va a coartar la libertad. Temen que no van a ser capaces de ser como son si hay alguien cerca. Entonces cuando se emparejan, perpetúan esa creencia proyectando lo que piensan que es el comportamiento perfecto. Dejan de ser ellos mismos. No comparten sus pensamientos, palabras, situaciones, sentimientos ni acciones porque piensan que podrían ser vistos como menos que maravillosos. En vez de espantar un fantasma del pasado, presentan una imagen de perfección que nunca ha existido y tampoco ahora.

Poner energía en una imagen de perfección (el Señor Maravilla conoce a la Señorita Perfección) es como si te reemplazaras por un robot fabricado para cumplir las especificaciones de la fantasía. Entonces estamos frente a una competencia en donde uno de los dos se va a derrumbar muy pronto: el robot con la obsolescencia integrada, o el ser-humano-muy humano con la obsolescencia integrada.

Cuando las personas están solas, ¡qué descanso!, ¡qué relajante! Se sienten mucho más libres cuando no hay nadie porque pueden ser más auténticos. En el fondo se dan el permiso para ser los seres humanos comunes, únicos, maravillosos e imperfectos que son. Pero aunque eso pueda ser maravilloso, también puede favorecer la creencia de que las relaciones íntimas limitan la libertad.

A veces esta supuesta libertad puede traer soledad aparejada, y debido a su soledad mucha gente empieza a buscar compañía. Entonces, una vez más, ambas personas presentan una fachada de perfección al estar juntos, viven juntos, se casan y se divorcian cuando descubren que la perfección del otro era sólo una pose.

Nadie puede sostener esa fachada de perfección todo el tiempo; sería extenuante. A la larga, todos tenemos que soltar alguna cosa y revelar al ser humano imperfecto que reside bajo la fachada. Luego, debido a las expectativas de perfección condicionada que tenemos, cuando vemos al otro tal cual es, es posible que surjan los desacuerdos y las exigencias de que cambie, las críticas, los juicios y las amenazas. A eso normalmente se le llama separación o divorcio. Establecidos en nuestros sentimientos heridos, podemos justificar la separación con: "Al menos ahora tengo la libertad de poder ser como soy, y me voy a ocupar de que nadie intente quitármela de nuevo". Hasta la próxima vez que nos sintamos solos.

Si tienes que defender tu libertad, no eres libre. Si realmente fueras libre, no tendrías nada que perder. La libertad no es un objeto, y no tiene nada que ver con el orgullo ni con el ego. La libertad, según el diccionario, es: "la ausencia de la necesidad de coerción o apremio para elegir o actuar; liberación de la esclavitud, de las limitaciones o del poder del otro". Sólo tú te puedes procurar esa libertad.

Lo mismo se aplica a la verdad. En vez de enfocarte en si alguien es confiable, asegúrate de que tú lo seas. ¿Y cómo lo haces? Comienza tomando contacto contigo mismo y haciéndote caso. Significa apreciar tu forma de ser única, soltando tu imagen de cómo querrías que los demás y tú mismo te percibieran. Requiere especialmente de ser honesto, primero contigo mismo, aunque te duela (y con el tiempo dejará de dolerte) y posteriormente con los demás, aunque te duela (y con el tiempo también dejará de dolerte.)

Ser honesto con los demás no es una excusa para abusar de ellos verbalmente. Significa ser compasivo y tomar en consideración su cultura y su procedencia, sin imponer tus ideas y tampoco abrazando las de ellos.

Ser honesto también significa estar consciente y poner oídos a tu propia verdad. Más allá del ego y de las imágenes falsas, todos tenemos nuestro propio barómetro de la verdad adentro. Cuando nos conectamos con eso, entramos en contacto con la confianza. A través de esa conexión podemos conocer la verdad de nuestro propio comportamiento y tener claridad respecto del comportamiento de los demás. Si actuamos con libertad y honestidad cuando nos relacionamos con los otros, el potencial de amor, dicha y crecimiento es ilimitado. Si actuamos con desconfianza y necesidad de protegernos, es probable que el potencial sea negativo.

Por ejemplo, si tú y yo tenemos una relación, significa que algo está sucediendo entre nosotros, no tan solo dentro de mí y dentro de ti, sino también entre nosotros. En una relación libre se produce una corriente de energía y con ella nos podemos "establecer" con gentileza en la conciencia del otro. Si deseamos hablar, lo podemos hacer. Si no queremos hablar, eso no quiere decir que estemos enojados o molestos; sólo significa que tenemos un tipo de relación que nos permite a ambos hacer lo que queramos, sabiendo que eso va a complacer al otro. Eso es libertad.

La forma más clara de libertad en términos de las relaciones es mantener una comunicación pura, abierta y honesta con uno mismo y con el otro. En esa relación la intimidad es hermosa, aceptante, llena de sentido del humor y extraordinariamente libre porque cada uno adopta la libertad para ser lo que es. Cada uno comparte y ama al ser humano total. Los rasgos hermosos tanto como las imperfecciones son parte del conjunto.

A medida que te das la libertad para ser quien eres (lo que se conoce como aceptarte y amarte sin culpas ni juicios), crece también tu habilidad para mantener una relación satisfactoria, íntima, real y duradera con otra persona.

Libertad es amar y aceptar con responsabilidad, amándote a ti mismo en primer lugar, y extendiendo ese amor a los demás. El amor nunca merma; es un organismo que se alimenta de sí mismo y crece. Sugiero que riegues tu planta de amor con la libertad de la honestidad. Hazte vulnerable compartiendo lo que es, más allá de todas las consideraciones. Puede sorprenderte descubrir que la persona que te importa tiene tus mismas debilidades humanas. En la medida en que ambos compartan honestamente, es menos probable que los defectos humanos se utilicen contra el otro; simplemente se convierten en parte del proceso humano, tal como inhalar y exhalar. Incluso la respiración que da la vida a veces no huele tan dulce como la vida que concede.

En realidad, de una relación no se puede sacar nada. ¿Entonces cuál es el valor de una relación? El valor de la relación es la relación misma. No tiene otro sentido. Entonces, no trates de sacar nada de nadie, sino que ve de qué manera puedes compartir tu amor con esa persona. Cuando una relación se basa en que tú compartes tu amor, no tienes nada que perder. Existe un suministro ilimitado de amor, y el amor total es la verdadera libertad.

Más allá de las emociones

Es difícil definir qué es el amor. Tal vez podríamos decir que amor es la esencia que reúne a las fuerzas y las mantiene relacionadas. Esa definición no sólo se aplica a las personas; es posible que incluso nuestras células funcionen unidas gracias a esa energía de amor.

Muchas personas piensan que el amor y el sexo son la misma cosa. Idealmente podría ser así. Sin embargo, en la práctica sabemos que a veces se confunde amor con deseo sexual, al igual que amor y soledad. Cuando le preguntas a alguien: "¿Cómo está tu vida amorosa?", nueve de diez veces te van a responder como si la pregunta hubiera sido sobre sexo.

Mi vida amorosa tiene que ver con mis relaciones con padres, hijos y colegas, con los árboles, las montañas, una mariposa, un perro, conmigo mismo y con Dios. El amor del que hablo es un estado del ser que abarca todas las cosas, a las personas, situaciones y experiencias.

Puedes disfrutar de un amor mental con alguien, simplemente escuchando lo que tiene que decir. No tiene nada que ver con el género o el sexo, y es una forma interna y activa de amor.

Se podría tener un amor físico-emocional que involucre al sexo o sólo el placer de estar en compañía de alguien. Tal vez tú estés escribiendo y la otra persona leyendo un libro y el amor físico-emocional puede estar aconteciendo de una manera hermosa y sutil.

En algunas relaciones, el amor espiritual está presente; es ese amor incondicional que dice: "Te amo, sin importar qué". Ese tipo de amor produce un equilibrio armonioso que abarca las expresiones mental, emocional y física. En esta aventura amorosa, cuando el amor espiritual está presente, existe una seguridad tremenda. Ninguno actúa con miedo a incomodar al otro o a ser juzgado. Sólo existe una aceptación amorosa de las fortalezas y de las debilidades humanas del otro. Esa es una relación vital, llena de diversión y de alegría.

Dirás: "Eso es exactamente lo que quiero pero no he podido encontrar una pareja que también lo quiera". Para encontrar esa pareja afuera tal vez necesites encontrar esa pareja primero dentro de ti. ¿Te amas lo suficiente como para disfrutar no sólo de tus fortalezas sino también de tus debilidades humanas? ¿Te amas lo suficiente como para no juzgarte ni echarte culpas encima?

A un nivel más específico, ¿te duchas porque quieres estar limpio o para los demás? ¿Eliges tu ropa para complacer a alguien o a ti mismo? ¿Tienes un auto en particular para impresionar a alguien o porque te complace? ¿Te ríes de los chistes de alguien porque te parecen divertidos o porque crees que eso es lo apropiado? ¿A veces estás de acuerdo para ser parte del grupo y a veces por parecer diferente? Sólo diferente, no mejor ni peor.

¿Te preocupas de tus necesidades emocionales y buscas que los demás te den amor, en vez de entrar en contacto con tu propia fuente de amor? Por encima de tus necesidades emocionales reside el amor que ya existe dentro de ti. Una vez que entras en contacto con tu propia capacidad de amar, los reflejos exteriores pueden aparecer con mayor facilidad.

La oportunidad no golpea a tu puerta una sola vez. Las oportunidades golpearán a tu puerta en tanto sigas en el planeta. La llave que abre la puerta de la dicha y de la abundancia no es la necesidad emocional. Esa llave emocional puede abrir solamente las puertas de la frustración, del dolor y de las relaciones negativas. Cuando estás en contacto con tu propia fuente de amor se pueden abrir todas las puertas.

¿Cómo mantener el contacto cuando estás en la agonía de la tristeza, depresión o ansiedad? No siempre es fácil, pero es posible.

Este no es un libro de cómo-hacerlo-en-diez-simples-lecciones. Este es un libro de hazlo-tú en todas las lecciones que necesites para que logres reclamar más de tu herencia amorosa.

El primer paso hacia el amar es aceptar lo que está sucediendo adentro y afuera. El sólo hecho de querer ser feliz, dichoso y amoroso no es suficiente. Si te sientes deprimido tienes que estar dispuesto a estar en la depresión y a atravesarla. Al otro lado te espera una sola cosa: el amor que ansías tan profundamente.

Tal vez exclames: "¡Es que no puedo soportar el dolor ni la soledad!". Claro que puedes. Existe un refrán en español que dice: "Lo que no mata, te hace más fuerte". No necesariamente te vas a morir de depresión.

¿Cómo lo sé? ¿Te has sentido deprimido antes? Seguro que sí. Y aquí estás, leyendo este libro. Vivo. No te moriste y fuiste capaz de atravesarla. Incluso hasta te fortaleciste.

Ve si hay áreas en las que requieras mayor esclarecimiento. Una de las mejores formas de aliviar la depresión o la tensión es con el humor. Nunca es tarde para tener una niñez feliz. No te preocupes por tus supuestos enemigos. Una vez encontré una camiseta que decía: "Ama a tus enemigos. Eso los va a enloquecer".

Aplica tu sentido del humor en muchas más situaciones y relaciones. Con frecuencia es el humor el que puede aliviar el sobrepeso que a veces cargas. Ríete de ello como para que no te sientas sobrecargado sino sólo cargado. La vida no tiene por qué ser tan seria. Cuando yo era adolescente, el aire era limpio y el sexo sucio. Aparentemente, ahora es a la inversa. Puedes escandalizarte, si quieres, pero a mí me parece divertido. Verás, todos vamos a pasar por esta vida de una forma o de otra. Nacimos y vamos a morir. Lo que hagamos en medio de esos portentosos eventos depende de nosotros. Yo prefiero pasar la vida riendo en vez de llorando. ¿Y tú? Tal vez descubras formas más simples que los traumas habituales sobre los cuales estructuras tu vida, si permites que los eventos y las experiencias sean menos cruciales.

Algunos de nosotros pertenecemos a uno u otro partido político sólo por el sistema de creencias que nuestros padres nos inculcaron. Algunos se convierten en católicos, protestantes, mormones, judíos, ateos, agnósticos, deístas o evangelistas, sólo porque los criaron dentro de ese sistema de creencias. Algunas personas son gordas porque se creyeron que "tienes que comerte todo lo que hay en el plato para ser un buen chico". (Algunos padres tenían la creencia de que un niño saludable era el que comía mucho). Algunas personas que no están casadas o que no tienen niños se sienten culpables debido al sistema de creencias que adoptaron.

Si heredaste un sistema de creencias que no te apoya, puedes soltarlo y adoptar otro que te funcione mejor. También puedes enfrentar el hecho de que simplemente la forma tradicional de: "Te amo y te necesito, y por favor dime que me amas, demuéstramelo y compruébamelo" no funciona todo el tiempo. Jamás han existido maneras suficientes de satisfacer ese barril sin fondo que es la inseguridad, llamado "demuéstrame que me amas". No te haría mal aprender alternativas en tu camino hacia una relación amorosa y satisfactoria.

Tal vez te sorprenda saber que las condiciones negativas de hecho te pueden conducir a un lugar positivo. En la otra cara de la soledad existe un hermoso lugar llamado estar con uno mismo. En el otro extremo del rechazo existe un lugar simple y poderoso llamado aceptación.

Puedes competir o cooperar, atorarte o fluir, apartarte o nutrir, retener o compartir, ignorar o cuidar. En el otro extremo de tus necesidades emocionales está la esencia del amor, no como un caramelo que alguien pueda darte o quitarte, sino como tú mismo, eso que nadie te puede quitar. Te conviertes en el regalo y en el que regala. Compartir con otro ser humano no sólo es posible sino que está a tu disposición de acuerdo a tu fuente de amor. No tienes que convertirte en el capricho del coeficiente amoroso de nadie. Al igual que tú, el amor surge en ti como un estado natural y atrae la esencia de los demás, quienes podrían decidir compartir contigo su amor. Entonces se trata de que cada persona comparta el amor que tiene adentro, lo que es bien distinto a emprender una persecución, tratando de tomar, arrancar o exigir amor de otra persona. Cuando das de lo que te rebosa, estás a cargo de tu vida.

EL AMOR: CAUSA Y EFECTO

A menudo la gente siente un gran amor hacia alguien, pero no sabe cómo relacionarse con ese individuo.

Cuando alguien muere, por supuesto que la mayoría de nosotros conoce formas de expresar amor. Podríamos enviar flores y una tarjeta de condolencias y ofrecer apoyo de una manera más tangible. ¿Por qué no hacerlo cuando las personas están vivas? ¿Por qué no enviar flores a los vivos? ¿Por qué no ofrecer apoyo y asistencia durante el proceso de vida? No se trata sólo de una frase bonita: se trata de decidirse y luego de actuar.

No existen suficientes palabras para expresar amor. Amar es un proceso de hacer las cosas que hace un amante. No seas simplemente un amante al estilo de la televisión o del cine, imitando lo que ves en la pantalla. A menudo eso es pretender, y el amor real es real. Sé el amante real que hace las cosas que en verdad te representan. No tienes que preocuparte por la reacción; sólo expresa tu propia dicha. Si estás sintiendo amor, exprésalo. Si tu pareja no se siente amorosa, tu expresión podría invitarla a compartir más amor. Incluso los sentimientos heridos se pueden curar con una buena dosis de amor.

El amor es su propia causa y efecto. Si sacamos nuestras personalidades del medio, el amor ejecutará lo que es perfecto exactamente en el momento perfecto. Es cuando interferimos en el proceso del amor y esperamos respuestas o comportamientos determinados que podemos de hecho bloquear la acción del amor en vez de facilitarla. Si lo dejas ser, el amor simplemente irrumpe.

Recuérdate a ti mismo que no has manifestado suficientes palabras, abrazos, risas ni lágrimas como para estar cerca de expresar todo el amor que existe dentro de ti. Ese amor es muy especial y únicamente te pertenece a ti. Tu necesidad de compartirlo es maravillosa, pero no con condiciones. En esencia, el amor es incondicional. No hay otra forma de compartir esa energía espiritual que no sea dejándola ser. Desde una sopa de pollo hasta un masaje, desde tomarse de las manos en el cine hasta caminar en la playa al atardecer, desde lanzarse bolas de nieve hasta dormirse abrazados, el amor lo hace por si solo, indefectiblemente.

¿Estás viviendo tu experiencia o la de ellos?

Si tratas de entender todo esto sólo con la mente, podrías asentir con la cabeza o tratar de encontrar los errores en este enfoque. Se puede sacar mayor provecho con la comprensión que se adquiere a través de la experiencia, lo que no se logra simplemente con la comprensión intelectual sino con la práctica.

Por ejemplo, cuando quieres comprar un par de zapatos no tratas de entenderlos. Primero, reconoces un deseo o una necesidad. Usas datos muy específicos, como el tamaño, el color y el estilo para que combinen con la ropa que tienes, el costo, tu estado financiero y la estética, que puede cambiar con la época y la cultura; luego te los pruebas, caminas con ellos y miras en ese pequeño espejo el reflejo de la posible compra. Si eres sabio y has tenido alguna experiencia en el pasado, como por ejemplo que los zapatos con tacón muy alto te dan dolor de pies o que una zapatería en particular no es confiable, toma en cuenta esa información cuando hagas tu decisión.

Lo mismo se aplica a las relaciones. Examina la información, tu experiencia en el pasado: los juicios, la negatividad y haber tratado de que la otra persona cambiara posiblemente no te hayan funcionado muy bien. Entonces piensas que debes cambiar de tamaño y tal vez hasta modificar la estética, pero esta fórmula sugiere que el criterio no está allá afuera sino dentro de ti. La fuente del amor no depende de los maniquíes que se exhiben en las vidrieras del mercado humano, sino en tu propia vidriera, que es la verdad dentro de ti.

La próxima vez que estés con alguien y descubras que tienes una tendencia a esperar que esa persona te satisfaga, ponte en contacto con eso. ¿Estás recreando nuevamente una relación que convierte al otro en el componente indispensable para ser felices para siempre? ¿Estás viviendo una relación del tipo de la Cenicienta y el Príncipe Azul, en la que te molestas emocionalmente si el otro no satisface tus necesidades? ¿Lo culpas de tu insatisfacción por una supuesta carencia que tiene? ¿Caíste de nuevo en la famosa trampa de representar a la Señorita Perfecta con el Señor Maravilloso? Eso es como el periódico de hoy que se convierte en el papel de desecho de mañana, y tampoco funciona, ni hoy ni mañana, el famoso final feliz.

En vez de practicar cualquiera de esas rutinas desgastadas y fatigosas, anda a tu interior y enfócate en los elementos en ti que constituyen la esencia del amor. Ponte en contacto con el corazón de la humanidad dentro de ti. Ponte en contacto con todos los elementos maravillosos, reales y positivos en tu propia naturaleza. Establece una relación con tu corazón cariñoso, empático y comprensivo. Haz lo que sea necesario para invocar una conciencia amorosa en ti, y luego mira a todo ser humano (incluyendo al famoso "otro") a través de tus propios cristales coloreados de amor.

Pon en práctica relacionarte con tu propia experiencia en vez de las experiencias de tu padre, tu madre, tus líderes religiosos o tu cónyuge; sólo la tuya. La mayoría de las personas tienen su propio punto de vista respecto a las cosas. Muchos creen ser poseedores de la verdad y juzgan a cualquiera que se exprese diferente. Puede que etiqueten a los que no concuerdan con ellos como equivocados o inmorales.

Si no estás comprometido con tu propia experiencia, tal vez te dejes influenciar por los juicios de los demás y cambies debido a la opinión que otros tienen de ti. Hacer eso es creer en la experiencia de los demás y sacrificar la tuya. Si hay algo que puede obstruir tu crecimiento y comprensión es tragarse la experiencia y la opinión de los demás.

Tal vez estés con alguien y escuches todo tipo de cosas que se sintetizan en lo mala persona que eres, pero que eso no te parezca cierto a ti. En tal situación tienes varias opciones. Si te tragas su opinión es posible que experimentes culpa, vergüenza, resentimiento, rabia y todas esas emociones que pueden crear sufrimiento, desarmonía, malestar y separación. No tienes que tragarte la experiencia de nadie. Puedes escuchar, observar e incluso encontrar que la presentación de la persona es interesente, divertida o entretenida. Además, siempre tienes la opción de simplemente levantarte y salir del lugar.

Si lo más importante para ti es ser agradable, ser alguien que todo el mundo quiera, esa persona increíble que no tiene enemigos, es posible que tengas algunas dificultades para conseguirlo. La meta de llevarse bien y no tener enemigos, ni siquiera una persona que te desapruebe o a quien no le gustes, es inalcanzable. No puedes controlar las emociones, actitudes o sentimientos de la gente que se relaciona contigo. Sólo puedes ejercer control sobre ti mismo. Alguien podría decidir convertirse en tu enemigo o juzgarte, pero la forma en que reacciones a eso la decides tú.

Tu libertad se expresa tomando tus propias decisiones. No tienes que aceptar la visión que otra persona tiene de ti. Ni siquiera te tienen que caer mal. Si tú no les gustas, esa negatividad la tienen que manejar ellos como quieran. Va a ser más benéfico para ti si los dejas a ellos ocuparse de sus juicios. No tienes que buscar la aprobación de nadie. Ve dentro de ti y busca la única aprobación que es verdadera. Cuando descubras tu propia aprobación, con integridad y sin ilusiones, sabrás lo que es la libertad. Y nadie te la podrá quitar.

¿Te alejas o te acercas al amor?

La mayoría de nosotros quiere atención, en particular de esa persona que designamos como especial. Entonces, tratamos de acercarnos a dicha persona mediante alternativas que tenemos a nuestra disposición. ¿Te gustaría tomar un café? ¿Algo de comer? ¿Ir al cine? ¿Ir a bailar? ¿Ir a un concierto? ¿Caminar por la playa? ¿Un masaje en el cuello?

Todos usamos técnicas para llamar la atención y ver en qué pie estamos con ese alguien que nos atrae. Algunos lo llaman coquetear, cuando intentamos pasar de una falta de familiaridad a la familiaridad, con probabilidades de llegar a la intimidad.

A veces hacemos cosas bastante risibles por miedo al rechazo. Inventamos señales que tienen poco que ver con la realidad: "Si me sonríe cuando pase frente a él, eso significa que le intereso". Entonces pasas frente a él, no sonríe y lo tachas de tu lista pensando: "¡Qué pretencioso! A fin de cuentas, tampoco me gustaba". Tal vez la persona haya tenido algo entre los dientes que le impedía sonreír con tranquilidad. Al guiarte por las indicaciones del libreto que tú escribiste pero que él no leyó, tal vez te hayas perdido justo lo que querías. Incluso puede haber momentos en los que hayas pensado algo así: "Si ella realmente quiere estar conmigo va a contestar el teléfono al segundo timbre porque yo le dije que iba a llamarla esta noche". Al tercer timbre cuelgas, mientras ella sale apresurada de la ducha.

A veces la gente dedica la misma cantidad de tiempo a alejarse de las relaciones que a acercarse a ellas, dejándose llevar por supersticiones y escenas de película que sólo el autor sabe interpretar: "Si cuando llegue a la esquina el carro rojo me adelanta, el semáforo cambia a verde y el bus arranca, ella me va a aceptar".

Muchas personas tienen miedo a ser rechazadas cuando piensan en las relaciones, entonces inventan señales inferiores que les advertirán si avanzan más de la cuenta. Prefieren apartarse de la dirección que les interesa antes que sufrir el dolor de ir hasta el final sólo para ser rechazado. Al hacerlo, interpretan señales que sólo ellos conocen. El resultado es que, por lo general, evitan ser rechazados, pero tal vez eviten también ser aceptados.

El precio de la aprobación

Una vez que hemos recibido la aceptación inicial de ver si la relación es viable, es posible que busquemos aprobación. Puede que la persona en nos interesa diga: "Estoy interesado en ti, pero tienes que adelgazar".   La persona te ofrece la posibilidad de una aprobación a futuro, lo que en el presente quiere decir: "Ahora te rechazo".   Su interés por ti está basado obviamente en la apariencia.

Tu necesidad de aprobación puede ser tan fuerte que decidas ir tras la promesa futura. El lado positivo de esto es que si tienes sobrepeso, decidirás perder el exceso de equipaje y mejorar tu salud. El lado negativo, en tanto, es que realmente no sabes si vas a recibir su aprobación o no cuando pierdas peso. Es muy probable que entonces salga con nuevas exigencias.

Podrías estar cayendo en un infierno si aceptas ese tipo de requisitos en una relación, ya que estás condenado si lo haces y condenado si no lo haces. Si el cariño de alguien por ti se basa en tu comportamiento, te librarías de una buena cantidad de sufrimiento innecesario si te apartas de esa persona. Es probable que una vez que cumplas con la primera lista de condiciones, la persona te agregue otras más.

Si tienes el valor de honrarte, puedes decirle: "Estoy realmente interesado en ti y dispuesto a ver en mí lo que podría mejorar, pero no bajo presión". Si la persona quiere quedarse contigo y te acepta tal cual eres, entonces encontraste una relación que merece una oportunidad. Recuerda esto: Si te dan un ultimátum, no tienes que aceptarlo necesariamente.

¿CUÁNDO MERECES AFECTO?

Ahora supongamos que hayas dado todos los pasos para obtener atención, aceptación y aprobación de quien estás interesado. El siguiente paso es la expresión de afecto. ¿Lo puedes obtener? ¿Lo puedes recibir? ¿Lo puedes dar?

Podrías imaginarte que ya que pasaste por todas esas pruebas ahora te has ganado el afecto. Al nivel de las pruebas tal vez sí, pero al nivel de la realidad, no. Ya te lo merecías antes de empezar. Siempre te has merecido el amor, pero tal vez buscaste que alguien allá afuera te lo probara, ya que desde un comienzo nunca creíste que fueras merecedor en tu interior.

Tal vez digas: "Eso no es del todo verdad. Yo empecé creyendo que me lo merecía pero nadie más parecía estar de acuerdo. ¿Entonces de qué sirve si nadie más cree que valgo la pena?"

Hay más de seis mil millones de habitantes en este planeta. Los que tú escoges para que reflejen tu supuesta falta de merecimiento, y tú los escoges aunque no lo sepas, representan una pequeña minoría de los espejos de la casa de la risa que muestran imágenes distorsionadas de ti mismo. Tú no luces realmente así, son simplemente los espejos que elegiste para que te reflejaran. Entre millones de personas, los elegiste de esa casa de la risa en particular, sólo que no resultó muy divertido porque compraste su falta de aprobación. Y como nadie de esa minúscula minoría allá afuera te ama de la forma que quieres, no mereces ser amado, ¿verdad? Falso.

Mientras creas que la aprobación y reafirmación deben dártela los otros, es poco probable que las obtengas. Es difícil obtener aprobación si la estás dilapidando con los demás. Puedes dar amor sin ninguna expectativa y este regresará a ti multiplicado por mil, pero no puedes entregar tu propia valía y esperar que regrese. Seguro que hay personas que entregan su propio valor con expectativas y exigencias. Se lo entregan a un hombre, a una mujer, a una figura religiosa, a un líder político, a alguno de sus padres, a sus hijos, a un libro, e incluso a las escrituras. Se llama: "Haré lo que me pidas si tú me retribuyes demostrándome que valgo".

Tal vez te vistas de acuerdo a lo que "allá afuera" determinen, te comportes de cierta forma impuesta por un libro, conduzcas el auto aprobado por el medio o actúes de la manera que tus amigos consideran perfecta, y capaz que obtengas la forma de afecto que necesitas desesperadamente; claro: la forma pero no el contenido. En lo profundo de ti sabes que lo más probable es que hayas obtenido su afecto por obedecer a las reglas que ellos impusieron y no por tu ser auténtico. El afecto se te da por cumplir con los conceptos tradicionales y condicionados de ser un buen niño o una buena niña. Por eso, siempre está en sus manos dar o retirar afecto si no te comportas de acuerdo a sus reglas de juego. Mientras ellos te lo puedan dar, nunca será tuyo.

El sufrimiento más destructor que se te puede infligir comienza cuando tú mismo te descuidas. El poder que los demás tienen para herirte es sólo el que tú les otorgas.

Comienza aceptándote tal cual eres en este momento. La propia aprobación viene a continuación y si no te apruebas, haz lo que sea necesario para lograrlo, y entonces aflorará el amor. Ámate con todas tus fortalezas y debilidades; ámate incondicionalmente. Cada vez que te encuentres con expresiones que ya no te hagan sentir cómodo, cámbialas, pero recuerda amarte y aceptarte en el proceso. Te mereces tu propio amor tal cual eres en este momento.

En tanto te compartas a ti mismo, compartir puede ser muy constructivo desde ese lugar de merecimiento dentro de ti. En un estado de amor por ti mismo podrías decir: "Quiero más dicha, más amor, más aceptación, más afecto". Lo vas a recibir de los demás cuando te lo des a ti mismo, aceptándote tal como eres en este momento. Aceptarte no significa resistir el cambio o ignorar tus deseos o preferencias. Es justamente lo contrario. Pero para poder cambiar, el primer paso es aceptar donde te encuentras en este instante como simple información y no para enjuiciarte, y partir de eso, no como para sentirte culpable o resignarte.

¿Quieres dejar de fumar por los demás o porque te quedas sin aire cuando subes las escaleras deprisa? ¿Quieres adelgazar por ellos o porque has dejado de sentirte cómodo con tu cuerpo?

Haz lo que tengas que hacer para lograr lo que quieres: estar delgado, dejar de fumar, etc. Hazlo por ti y para ti, y sigue apoyándote y amándote en el proceso. Sigue mirándote a los ojos con el peso que quieres perder y los hábitos que quieres cambiar. Eres valioso y adorable, estés delgado o tengas sobrepeso, fumes o no. Dentro de ese ser humano verás la luz del amor. No sucede por accidente; ese poder de amar reside dentro de ti. Y claro, puede que esté un poco encubierto por algunos de esos condicionamientos negativos, pero aun así, siempre está allí. La luz del amor existe en ti en este mismo momento, exactamente como eres. Comienza en el aquí y el ahora y podrás hacer lo que sea.

El poder está dentro de ti y las decisiones siempre las tomas tú. Tómalas con tu poder por ti. Es más fácil que los demás te brinden aceptación, aprobación y afecto cuando salen de ti para ti.

Intimidad: Estar dispuesto a compartir

Una vez que has logrado atención, aceptación y aprobación y que tienes el afecto de alguien, tal vez estés dispuesto a compartir tus emociones y pensamientos sin tener que censurarlos o hacerlo con segundas intenciones. A eso le llamamos intimidad.

En ese contexto, se ha aceptado el derecho que ambos tienen a expresar cualquier cosa. Estar de acuerdo con el otro no tiene por qué ser parte del arreglo; simplemente tienes el derecho a decir lo que decidas compartir.

En una relación de intimidad, tú y la otra persona han llegado a un acuerdo en el que ambos tienen derecho a ser como son y a compartir lo que esté presente en ese momento. Esto le permite a cada uno ir más profundo dentro de ustedes mismos y a expresarse frente al otro desde ese nivel. En el proceso, probablemente te descubras quitando capas de defensa que construiste a través de los años y que tal vez te distanciaron de los demás. Es posible que estas defensas te hayan servido en su momento e incluso que te hayan protegido en determinadas circunstancias. Ahora, sin embargo, la protección que usaste por miedo a ser herido también te puede "proteger" de compartir íntimamente con la persona que amas. De hecho, para seguir elevándote con amor necesitas la habilidad de abrirte y de compartir de manera profunda.

El amor y la belleza de ustedes dos se va a reflejar en ese compartir. Se llama amor; se llama Luz; se llama Espíritu; se llama verdad. Y es tan fuerte que su esencia puede expandirse y tocar. Una simple mirada puede trasmitir esa energía tan increíble. En ese estado, el resultado natural es la fortaleza y los riesgos ya no te asustan. Todo está permitido, y no sólo es posible trascender el miedo, el sufrimiento y la culpa sino lo probable.

EL AMOR QUE FUNCIONA

Existen muchas expresiones que llamamos amor, pero en realidad sólo existe una clase de amor que vale la pena y que es duradera: el amor que nos permite convertirnos en alguien capaz de amar a todo el mundo. Hay quienes adoptan una posición magnánima y afirman: "Yo amo al universo entero y todo lo que hay en él". No tienen mucho más que hacer al respecto, excepto asolearse en su orgullosa magnificencia y todo lo que lograrán es broncear su ego. Les sugiero que no se queden mucho tiempo al sol, porque se pueden quemar.

Desde luego que puedes reducir tu alcance un poco y afirmar: "Yo amo a toda la gente en mi país". Ésta puede ser una generalización más segura y que exige muy poco. Puedes reducirlo algo más y decir: "Amo a toda la gente de mi ciudad". ¿Qué tal acercarlo un poco más a tu casa? ¿Qué tal amar a la persona con quien estás casado? ¿Qué tal amar a tu jefe? ¿Qué tal amar a tus hijos, a tu mamá, a tu papá, a tu hermano, a tu hermana, a tu novio o a tu novia?

Si no puedes amar a una persona en particular que está directamente ligada a tu vida, tal vez no debieras proclamar que eres un ser amante.

Algunas personas exageran fantasiosamente cuando declaran su nivel de amor: "Moriría por tu amor" o "Lo entregaría todo por ti". En vez de eso, ¿qué tal vivir por amor y expresarlo en las situaciones cotidianas?

Recuerdo la historia clásica de un hombre que le escribió una carta a su amada del siguiente tenor: "Te amo tanto que por ti cruzaría el río más caudaloso, escalaría la montaña más alta y me enfrentaría al fuego más violento.

P.D: Si llueve el viernes no me esperes".

El amor incondicional es como el credo del cartero: "Ni la lluvia ni la nieve ni el granizo retrasarán mi recorrido". Nada puede retrasar al amor incondicional. Si le pones requisitos a tu expresión amorosa, es posible que no estés hablando de amor incondicional. Estás hablando de un intercambio mercantil que dice: "Si haces esto, te pago con esto otro". En otras palabras, amor en oferta.

El amor del que hablo es demasiado costoso para venderse. De hecho es tan costoso que no se le puede poner precio. No existe dinero suficiente ni bienes suficientes en el mundo para pagarlo, porque verdaderamente es gratis. Es la clase de amor que dice: "Te amo sin importar qué y voy a seguir amándote". Ese es el amor incondicional al que yo aliento, porque francamente todo lo demás es un simple balbuceo.

Examina tu vida. Repasa todas esas situaciones en donde el amor perdió debido a discusiones en que tu-dijiste-yo-dije. Mira donde el amor perdió debido a una postura de esto-es-mío-no-tuyo. Ve donde el amor perdió debido a actitudes de si-me-amas-deberías-o-si-me-amas-harías, y terminaron señalándose mutuamente todos los "deberías".

Si no sientes amor y tratas de entregarte a alguien, es muy posible que experimentes una sensación de carencia, vacío, soledad, alienación y separación. Cuando aparezcan esos sentimientos dolorosos te sugiero que revises primero tu relación contigo mismo antes de culpar al otro. Hazte estas preguntas simples: "¿Estoy haciendo las cosas que me satisfacen a mí y que no tienen que ver con la otra persona? ¿Estoy descansando lo suficiente? ¿Estoy haciendo suficiente ejercicio? ¿Estoy comiendo bien? ¿El tiempo que paso con mis amigos es positivo y reconfortante? ¿Participo en actividades culturales y espirituales que me apoyan?

Cuando vives de una forma que te enriquece en todos esos niveles, es probable que atraigas a gente que tenga una personalidad, una disciplina, pasatiempos, y niveles de compromiso similares a los tuyos. Dentro de un sistema de referencia compartido como este surge un amor que puede funcionar.

Me interesa una forma de amor que funcione. ¿Cuál es esa forma de amor que funciona? El amor funciona cuando la expresión y el compartir crean intimidad, comodidad, seguridad y un lugar a salvo dentro del corazón de cada uno. Cuando sé que sin importar lo que yo haga me vas a seguir amando, entonces el amor está funcionando. Cuando sé que sin importar lo que tú hagas yo simplemente te seguiré amando, eso es amor que funciona.

El amor a veces se manifiesta en reírse de las debilidades humanas del otro; sin agredirse, ya sea con juicios o insistiendo en cambiar; a veces se puede manifestar dejando tranquilo al otro por un rato; a veces, haciendo el amor; y los "a veces" pueden ser tantos como seres humanos hay. No hay límites para la forma en que se puede expresar el amor. Ese es un indicio del amor incondicional del cual estoy hablando, la clase de amor que se regenera a sí mismo cada vez que se expresa. Cualquier cosa menos que esa clase de amor incondicional, es realmente inferior.

El amor incondicional no sólo acepta el comportamiento de tu ser amado, sino que va más allá de él.

6

EL ESPÍRITU

En los miles de seminarios que he dictado a través del mundo, en las cientos de cintas de audio y de video que están disponibles al público, y en todos los libros que he escrito, mi compartir ha sido principalmente desde y respecto al Espíritu. Los distintos capítulos de este libro son para conveniencia del lector, porque en última instancia cada cosa y todas las cosas son de Dios (y el Espíritu es el verbo divino.)

Durante décadas, la gente me ha hecho preguntas sobre asuntos espirituales que tienen que ver con las relaciones. Algunas preguntas han surgido estando reunidos en un retiro o en un seminario y han sido grabadas. Otras preguntas me las han hecho por escrito y la respuesta enviada por correo. Esta sección del libro se presenta como ocurrió, es decir en formato de preguntas y respuestas.

Independiente de lo que leas, si logras asumir lo que sigue, habrás aprendido todo lo que necesitas saber:

Tú eres divino. Tú eres amor. El Espíritu está presente. Tú eres la Luz porque Dios está en ti. Todo lo demás son comentarios al respecto.

EVITANDO LA NEGATIVIDAD EN LAS RELACIONES

Pregunta: ¿Cómo puedo estar seguro de no estar creando negatividad o desequilibrio para mí en las relaciones?

Respuesta: Existen unos cuantos criterios. Uno es: no te sientas culpable. ¿Sabes por qué la culpa le hace daño a la gente? Porque es la respuesta más íntima, personal y emocional que puedas tener que realmente no puedes compartir con nadie. Le puedes hablar a la gente sobre tus sentimientos de culpa pero eso es hablar, no es compartir.

La culpa es un producto de tu propia creación. Si te sientes culpable, has establecido ingeniosamente un tribunal de jueces dentro de ti. Dependiendo de tu bagaje cultural o religioso, puedes aplicar la Biblia, el Corán, la Kábala, el Bagavad Gita o a lo mejor una inscripción en un edificio: "Sé fiel a Ti Mismo".

Como sea, has usado una fuente externa como punto de referencia respecto a la forma como deberías comportarte. Si no te comportas según esa fuente, te juzgas y luego creas una culpa que te carcome.

Eso no significa que toda fuente externa sea mala para ti. No es la fuente en sí, es lo que haces con ella. Ninguna cosa o persona pueden brindarte sabiduría, en palabras, símbolos y experiencias. Rendirle pleitesía a lo escrito en una pared o en un libro puede ser poco efectivo, por decir lo menos. Venerar los escritos en tu propio corazón y manifestar la acción del corazón en tu vida es vivir en el poder verdadero. Si vas a hacer algo, en vez de sentir culpa, podrías disfrutarlo. Y si no lo vas a disfrutar, mejor no lo hagas.

Otra forma de evitar crear negatividad en las relaciones es practicando una simple regla: no te lastimes ni lastimes a los demás. La regla más efectiva podría ser que lo hagas todo como una expresión de amor incondicional. Si pones esto en práctica, no vas a crear desequilibrios que luego tendrías que resolver.

Cuando digo amor incondicional hablo de la esencia de bondad, cariño y consideración, hacia ti mismo y hacia los demás. Si actúas para justificarte verbalmente, lo cual te aliento a evitar, y no motivado por el cuidado del corazón, la energía negativa puede convertirse en parte de tu equipaje. Si vas a hacer algo que no sea amoroso, te sugiero que te responsabilices de ello en vez de invocar razones que justifiquen tu actuar, porque independientemente de lo que digas, lo que hagas será siempre creación tuya.

Existe una parte de ti que conoce la honestidad y que conoce la integridad. Es posible que estés actuando deshonestamente, si actúas desconectado del conocedor dentro de ti o si no te haces cargo de tus acciones, sin importar las palabras que utilices.

La deshonestidad pierde el derecho a la ayuda divina. No hablo de deshonestidad como la define la cultura, la sociedad o la legislación. En esos casos, muchas cosas que son ilegales o que hoy "no se hacen" tal vez el próximo año sean legales y permitidas (legal o culturalmente.) Por ejemplo, no hace mucho la gran mayoría de los habitantes de los Estados Unidos consideraba pecaminoso que un hombre y una mujer vivieran juntos sin estar casados. Tales definiciones culturales de pecado suelen ser pasajeras.

Habrá una época en el futuro en que las mujeres excedan a los hombres en una proporción de diez a uno. Tal vez, bajo esas condiciones, se legalice la poligamia y cambie el punto de vista cultural para respaldar las circunstancias de una nueva realidad. Sin embargo esos aspectos tienen poco que ver con la honestidad a la que me refiero. Hablo de estar en relación con tu esencia, con el verdadero tú, que en sí y para sí, es íntegro y honesto. Hacer menos que eso es evitar la relación.

EJEMPLO DE AMOR INCONDICIONAL

Pregunta: Tú hablas mucho de amor incondicional. Intelectualmente lo entiendo, pero realmente no sé si sea posible en este planeta negativo. ¿Me puedes dar un ejemplo de amor incondicional, y no me refiero a lo espiritual sino a cuando las cosas se ponen difíciles en este nivel del acontecer cotidiano?

Respuesta: Hace muchos años trabajé como técnico en psiquiatría de un hospital. Había un paciente de unos 90 años, con los huesos forrados por la piel, con grandes escaras en la espalda; tenía los ojos casi cerrados debido a una infección y en su habitación había un olor desagradable. La mayoría de las enfermeras y de los ayudantes no querían tener nada que ver con él porque suponían que estaba próximo a morir. Así que le pregunté al doctor y a la enfermera si estaba bien que yo lo cuidara y me dieron permiso.

Lo volteé de espaldas y luego limpié sus escaras con agua oxigenada, y sostuve cerca de él unas lámparas de calor por largos períodos de tiempo. En tres semanas las escaras habían desaparecido. Le apliqué talco, le cambié el pañal y le limpié los ojos.

En un momento dado comenzó a hablarme. Me sorprendí porque no me había hablado en todo el tiempo que yo había estado trabajando en el hospital, y había asumido que él había perdido la capacidad de hablar. Me explicó que no quería hablar porque el resto del personal lo trataba como si ya estuviera muerto. Y tuvimos una bella conversación que fluyó así:

—Eres un poco brusco a veces cuando me volteas.

—Agradece que te volteo.

Él rió y dijo:

—Estoy agradecido y aun así eres un poco brusco cuando me volteas.

Sonreí y le pregunté:

—¿Por qué no me hablaste antes?

—Porque pensé que si te hablaba, te irías.

—Eso es porque no me conoces.

—Ahora te conozco, y por eso te digo que lo hagas suavemente.

Los dos reímos.

Me ocupé de que su habitación fuera una de las más agradables del hospital. Hice lo necesario para que su cama estuviera fresca. Yo sabía que él no iba a vivir mucho más, pero mientras estuviera vivo, yo me ocuparía de que él tuviera la atención que se merecía como ser humano.

Cuando murió no tenía escaras en el cuerpo. Cuando murió se sentía contento de que alguien se hubiera interesado en él lo suficiente como para cuidarlo. Murió mientras yo estaba con él en la habitación. Dijo:

—Me gustaría morir ahora.

—Bueno, no hasta que te dé un abrazo.

Él sonrió y dijo:

—¿Qué crees que estoy esperando?

Lo abracé y murió. Yo lloré. Luego lo bañé, porque me importaba lo suficiente.

Al amor incondicional no le importan los olores, ni las apariencias, ni nada. Se trata sólo de "amar de todas maneras". Ese hombre está muerto, pero también está vivo en mí y tal vez también en ti, con quien acabo de compartir esta experiencia.

EL MATRIMONIO CON CONDICIONES

Pregunta: Me he casado y divorciado varias veces y aunque estoy consciente y valoro el amor incondicional, no he tenido éxito con mis parejas en mi matrimonio como para expresar amor incondicional. ¿Es posible hacerlo?

Respuesta: Podría ser una tontería casarse con alguien por amor incondicional. Probablemente te hayas casado por amor condicionado. La gente se casa por cualquier razón, razones que van desde tener sexo hasta compartir, desde pasarla bien hasta conseguir dinero, etc. Esas son condiciones. Y no digo que esté mal. Sólo sugiero que cada miembro de la pareja conozca las condiciones y acceda a ellas. Entonces, puedes pasar al amor condicionado y amarlo incondicionalmente. Si eliges la opción espiritual, vives por encima de esas condiciones. Quiero decir con esto que, mientras tu cuerpo camina por este mundo, tú caminas con Dios.

Tal vez no te guste escucharlo, pero todo lo que haces en este mundo parece que no cuenta mucho. Aquí poco importa lo que hagas; lo que sí importa es tu expresión de amor incondicional en una relación condicionada dentro de un mundo condicionado.

Pon lo mejor de ti en lo que tengas que procesar y haz todo lo que se requiera para contar con la guía y la gracia de Dios. Entonces, hasta las relaciones condicionadas pueden funcionar incondicionalmente.

LAS RELACIONES Y LA LEY ESPIRITUAL

Pregunta: ¿Qué pasa con las relaciones involucradas con la ley espiritual?

Respuesta: La ley espiritual dice que tú y el otro (tu jefe, tu compañero, tu amante, tu maestro, etc.) están juntos para generar algo que será muy beneficioso para ambos. Tendrás que actuar en base a la fe en esa relación porque vas a tener poca información en tu cabeza, intelecto o mente, aunque podría existir un conocimiento más profundo. La ley espiritual está escrita en el corazón espiritual. Cuando dos personas se guían por la ley espiritual, cumplen la ley divina que se basa en la confianza y en la fe total en cada uno y en Dios. La ley espiritual es la ley más hermosa, dinámica y satisfactoria que existe.

Lo opuesto es la ley humana. La ley humana desprovista de ley espiritual puede dar por resultado una relación en la que confinas, maltratas y abusas de la otra persona. Es un infierno en la tierra.

También puedes decidir involucrarte en una relación espiritual donde te sometes a la ley espiritual, lo que a veces es tan simple como salirte de en medio. La energía es tan pura y tan poderosa que la acción se llevará a cabo a su modo. Podrías pensar que eso suena a no tener libertad de elección, y desde ese punto de vista tienes razón, porque bajo la ley espiritual esta relación fue creada mucho tiempo antes de que tu ego necesitara tener libertad de elección. En esencia ustedes—y realmente me refiero a su esencia—han elegido ser instrumentos y ejemplos de Dios para cumplir la ley espiritual.

Amor emocional y amor espiritual

Pregunta: ¿Hay alguna diferencia entre el amor emocional y el amor espiritual?

Respuesta: El amor emocional por lo general implica chantaje: "Hazlo a mi manera o si no te voy a dejar de querer. Pero si estás de acuerdo conmigo te voy a dar todo mi amor". El amor espiritual es incondicional: "Te amo de verdad y te voy a seguir amando pase lo que pase". En esta forma de amor, hay realización porque no hay segundas intenciones sino que es una expresión positiva en un cien por ciento. Es completo en sí mismo porque no depende de lo que haga otra persona. Amas a la persona más allá de su comportamiento.

En el amor emocional por lo general hay carencias y deseos insatisfechos que van desde la lujuria hasta la depresión. La plenitud espiritual no se encuentra en otra persona, sin importar lo hermosos que puedan ser su cuerpo o su mente. El Alma y el Espíritu son los vehículos de eso.

La relación "perfecta"

Pregunta: ¿Es posible tener una relación perfecta o esto es sólo una fantasía romántica?

Respuesta: Si para ti "perfecta" significa que otra persona satisfaga todos tus deseos, sueños y requerimientos, la respuesta es no. En cualquier relación, tú entregas algo y obtienes algo. Lo que tienes que determinar es si lo que obtienes vale la pena en proporción a lo que das. Por ejemplo, puedes entregar tu privacidad y el hecho de no poder hacer lo que quieras sin considerar la opinión de la otra persona. ¿Qué obtienes a cambio? Tal vez compañía, compartir, un compañero con quien te diviertes y muchas otras cosas más.

Luego, por supuesto, está dar algo que siempre vale la pena y que es el amor.

Las relaciones con los otros seres humanos son imperfectas, y nos juntamos con ellos para compartir y aprender en el camino hacia la perfección. ¿Y dónde está la perfección? No está en las relaciones que establecemos con los demás, sino en la relación que establecemos con aquello que es perfecto. Eso ya existe y tu tarea es hallar el camino. ¿Cómo? Practicando, y así encontrarás la perfección del Espíritu dentro de ti.

EL AMOR, EL MATRIMONIO Y EL ESPÍRITU

Pregunta: ¿Cómo se integran el amor, el matrimonio y el Espíritu? ¿O no se integran?

Respuesta: Cuando el amor incondicional está presente, sin duda se integran, aunque no necesariamente a nivel verbal. Por ejemplo, te voy a contar una historia sobre mi padre y mi madre. Hace años mamá acostumbraba a preguntarle a papá:

—¿Me amas?

—Yo te entrego mi cheque.

—Si, yo sé. ¿Pero me amas?

—Tú eres la mujer que cría a mis hijos.

—¿Pero me amas?

—Siempre he traído comida a la casa y ropa para los niños, y nunca te he negado nada.

—¿Pero me amas?

—¿Para qué quieres saber?

Ese era su juego. Tiempo después le pregunté a mamá si ella creía que papá realmente la amaba. Ella dijo:

—Claro que me ama.

—Entonces por qué nunca lo dice.

—Bueno porque no hay ninguna duda al respecto.

Después de reírnos le dije:

—Y si finalmente él te dice que te ama, ¿qué vas a hacer?

—Me muero. Simplemente me da un patatús.

—Y seguro que él se moriría también.

—Es posible.

Muchos años después, hablando con mi padre le pregunté:

—Papá, ¿mamá es la mujer para ti?

—No lo sé, hijo, pero hace mucho tiempo, antes de nacer, tuve una sesión de orientación en el cielo o en algún lugar. Supe que tendría una crisis en mi vida que incluiría una enfermedad incurable, y sólo después de someterme a una cirugía, sabría si ella era la mujer para mí o no.

—¿Y no es difícil vivir con eso?

—No.

—¿Cómo así? ¿Y si descubres que mamá no es la adecuada?

—Aunque eso suceda, nunca la voy a maltratar. Y si es la mujer para mi, tampoco querría maltratar a la mujer adecuada.

Años después, mi padre pasó por una cirugía de cáncer y luego no le diagnosticaron mucha sobre vida. Mamá le dijo:

—Mi amor, sabes que realmente te voy a extrañar. No creo que pueda estar mucho tiempo aquí sin ti.

—Sólo quiero decirte una cosa- le dijo mi padre.

—¿Qué?

—Bueno, que te amo.

—Siempre lo supe

Mi mamá murió seis meses después, antes que mi papá. Tras su muerte le dije a mi padre:

—¿Te acuerdas que hace mucho tiempo atrás me hablaste de la mujer adecuada?

—Sí. Tu mamá era la mujer adecuada

—Bueno, como sabes, tú le dijiste que la amabas.

—Si—dijo él.

—Alguna vez ella me dijo que si tú le decías que la amabas, ella se moriría de un patatús.

—Bueno, tu mamá realmente era una mujer extraña. Siempre cuidó a la familia, así que ahora se ha ido para tener la "casa" lista para cuando lleguemos.

—¿Estás pensando en algo específico?

—No, ella siempre sabe lo que se necesita. Siempre sabe qué es lo que cada uno de nosotros necesita en términos de familia.

—¿Qué vas a hacer ahora que ella no está?

—Voy a visitar a mis hijos y vamos a hacer cosas que nunca hicimos, y también voy a pasar mucho tiempo extrañando a tu madre. (Él le había dicho muchas veces en el transcurso de los años que la amaba).

RESPONSABILIDAD Y LIBERTAD

Pregunta: Cuando dos personas se involucran sexual, física, emocional, mental y financieramente, pero una de ellas lleva una vida espiritual más activa que la otra ¿cuál es la relación o la conexión espiritual entre esas dos personas? ¿Qué responsabilidad tiene cada una?

Respuesta: La persona que está más consciente tiene la responsabilidad inherente de enseñar a la que está menos consciente. Por "más consciente" quiero decir más consciente del gran potencial. La responsabilidad es consubstancial en la relación. Es igual que cuando ves que un niño cruza la calle corriendo en dirección a un auto y le gritas al niño para que se detenga. Es la conciencia que enseña la que te hace decir: "¡Cuidado con el auto!" Enseñar no sólo implica sentarte y repasar el alfabeto con el niño. Tú simplemente reaccionas cuando se necesita, como parte de la relación inherente.

Sin embargo, sé prudente, porque a mucha gente le gusta la posición de maestro, en especial en una relación de a dos. El que está verdaderamente consciente no demuestra su nivel asumiendo la posición de instructor autoritario, sino manifestando cualidades de comprensión, aceptación y cooperación.

Eso no significa necesariamente que la otra persona vaya a aprender, pero el más consciente está obligado espiritualmente a enseñarle. Enseñar no es embutirle la información al otro para tener la certeza de que la recibió, sino presentarle la información, ponerla a su disposición. Es como ofrecer un buffet. Tú pones toda la comida en la mesa (distintas opciones) y dices: "Come lo que quieras, cuando quieras. Preparé la mesa y puse en ella todo lo que tenía".

Si la persona dice: "No quiero nada de eso", el más consciente sabe que eso está bien. Era inherente a su responsabilidad simplemente realizar la presentación. Si el maestro no lo acepta y entra en recriminaciones (como: "Deberías haberte esforzado más; deberías haberlo hecho mejor"), que generan una atmósfera de culpa, con toda la incomodidad que eso conlleva, entonces es el maestro quien necesita la lección. En vez de crear culpas y todo lo que éstas traen aparejado, sería más benéfico para las dos personas terminar la relación.

Si, como dos barcos que se cruzan en la noche, no van a hacer la conexión, sería mucho mejor enfrentarlo. Podría ser tan simple como decir: "Mira, me parece que no tenemos la misma visión en términos culturales, filosóficos y de crecimiento. Algo no funciona y si ninguno de los dos puede cambiar su posición, es mejor que nos separemos".

Es posible que temprano en la relación ninguno de los dos haya invertido mucha energía y que lo más sano sea tomar direcciones diferentes. Es cuando hemos invertido nuestra energía que tenemos mas probabilidades de enojarnos y recurrir a recriminaciones emocionales tales como: "Tú abusaste de mí y me maltrataste". Pero en realidad lo que estamos diciendo es: "Tu energía le hizo esto a mi energía". Te sugiero que te vuelvas ecológico en la utilización de tu energía.

La persona que está relativamente más abajo en la escala consciente tiene por derecho propio la posición de aquel que toma. Debe tomar mucho antes de poder retribuir.   Por ejemplo, nadie espera que los niños aporten mucho en la casa porque están atareados tomando durante sus primeros años. Aunque se despierten en medio de la noche, les llevas un vaso de leche o los conduces al baño. A esa edad lo natural es que se dediquen a tomar.

Sin embargo hay casos en que uno de los padres dice: "El niño tiene 35 y todavía sigue tomando" De hecho, ha sido el padre quien ha contribuido a que la persona de 35 años siga siendo el "niño", porque no le enseñó lo que era necesario. Es responsabilidad de los padres ir destetando al niño de esa conciencia que toma para que la persona aprenda a valerse por sus propios medios. De lo contrario, los hijos siempre dependerán de los padres.

Puede que una persona le diga a otra: "Tú estás más avanzado espiritualmente que yo. ¿Me enseñas?" La respuesta apropiada sería: "Yo puedo enseñar. ¿Puedes aprender tú?"

La mayoría de la gente oye pero no todo el mundo escucha y no todo el mundo aprende. Una demostración de que se ha aprendido algo es un cambio en el comportamiento. Dicho cambio puede manifestarse a nivel físico, mental, emocional o espiritual. Si se produjo un aprendizaje, el resultado es un cambio de comportamiento.

Aprender no debe confundirse con tomar conciencia porque la toma de conciencia no es necesariamente el resultado del aprendizaje. La toma de conciencia es más el resultado de dejar ir las reacciones condicionadas y permitir que la experiencia se de sin resistencia. Y esto tal vez sea tangible y tal vez no.

LA RESPONSABILIDAD DE LOS NIÑOS

Pregunta: ¿Los niños tienen alguna responsabilidad espiritual al nacer, o toda la responsabilidad recae en los padres?

Respuesta: La respuesta es sí en ambos casos. Los niños tienen la responsabilidad de cumplir con el destino de su nacimiento. Los niños establecen su compromiso con el planeta, la nación, la región, el estado, la ciudad y por supuesto, la familia al tomar su primer aliento. Es una disposición espiritual que todos los niños asumen cuando nacen físicamente.

Desde luego que los niños funcionan con las limitaciones que le imponen su desarrollo físico y mental. Y como no se pueden comunicar con palabras gritan y a lloran para obtener lo que necesitan. Pero también tienen la habilidad de crear una necesidad en sus padres o en otros adultos empáticos para que los alcen y los amen.

Los padres tienen que asumir enormes responsabilidades espirituales y físicas hacia esa fuerza-de-Dios que conocemos como sus hijos. Tal vez algunos padres tengan dificultades para asimilar esto. "¿Fuerza-de-Dios? ¿Quieres decir que este mismo niño que ensucia los pañales y rezonga a gritos es una fuerza-de-Dios? ¡Me resulta difícil de creer!"

Sugiero que los padres se acuerden de todos los "pañales" que ellos mismos ensuciaron y de todo lo que gritaron y chillaron llenos de ira y negatividad. Y aunque les parezca o no razonable, todos los padres también nacieron en este planeta como parte de la fuerza-de-Dios.

EL CAMINO ESPIRITUAL

Pregunta: ¿Si la mente tiene una conciencia limitada, cómo puedo saber si me he alejado del camino espiritual?

Respuesta: Si dejas de ser amoroso (adentro y afuera), eso significa que te apartaste de tu camino espiritual, y como resultado podrías experimentar confusión y desorden. Repito: estoy hablando de amor incondicional, que implica aceptación, y no ese tipo de amor emocional por el cual la gente llegaría hasta a matar. Eso no es amor; es asesinato.

Estas son las únicas cosas que se te piden en la vida: que te involucres, que te comprometas, que des apoyo y que expreses amor. Eso es todo y en este planeta de negatividad, eso es bastante.

¿Es esto difícil? Para la mayoría de la gente, la mayor parte del tiempo, sí. ¿Y tiene que ser difícil? Desde luego que no. Una vez que decides emprender una relación con el amor dentro de ti, todo se vuelve más y más fácil, hasta que se hace tan fácil que el amor se convierte en un proceso de inhalar y exhalar.

En ese punto, el amor se convierte en una fuente de vida, y esa es la mayor verdad que puedas reconocer, porque el hecho es que el amor es verdaderamente la fuente de la vida. La relación más valiosa que puedes entablar con la vida es aceptarla como es, sin importar tus preferencias. Y esta es también la actitud más sensata puesto que lo que es, es; independientemente de lo que tú prefieras, de tus emociones o juicios. Entonces, lo que mejor puedes hacer es aceptar esa relación.

El amor frente a la negatividad

Pregunta: ¿Cómo puedo mantenerme espiritual y amoroso cuando alguien que amo me lanza acusaciones y disgusto emocional?

Respuesta: Si a ti no te gusta lo que alguien te está diciendo, simplemente cámbiate a otro nivel de conciencia hasta que la persona termine de hablar. Por ejemplo, si la persona se está expresando intensamente a nivel emocional, elévate internamente y simplemente escucha y observa sin defender tu posición. Si deseas responder dando información, hazlo en forma neutral presentando los hechos tal como los ves. En ese lugar elevado llamado altitud, asumes una perspectiva espiritual y no te quedas atrapado en posiciones defensivas ni emocionales. Al comienzo no es fácil, pero como ya he dicho, las cosas valiosas no siempre son fáciles. Podrías comenzar pidiendo en silencio que la luz te llene, te rodee y te proteja, incluso mientras el otro te está imprecando, y luego, enviarle la luz a la otra persona. Tal vez no funcione muy bien al principio, pero con suficiente práctica, amor y Luz, se puede abrir hasta la "roca" más dura.

Trabajando con el ego

Pregunta: ¿El ego es espiritual?

Respuesta: El ego es parte del proceso mental y emocional, y puede ser tu amigo o tu enemigo. En realidad podría ser un enemigo amistoso porque en última instancia el ego (al igual que la mente) es el "enemigo" del Alma. Si utilizamos correctamente el ego, sin embargo, podemos hacerlo funcionar a nuestro favor, sin olvidar que nos puede destruir tan pronto le entreguemos nuestro poder. Y la forma en que nos destruye es haciéndonos creer que somos el ego. Nos desvía de la gran conciencia que verdaderamente somos: el Alma.

He escuchado decir a la gente que lo que hay que hacer es destruir al ego. Eso no es posible. Lo más sabio que puedes hacer cuando el ego te tienta con patrones de reacción negativos es que lo circunvales. Entonces podrás convertir al ego en tu sirviente, en vez de permitirle que sea tu patrón.

Alguna gente, para circunvalar al ego, escoge la oración (hablarle o pedirle a Dios), la meditación (esperar una respuesta), la contemplación o lo que yo prefiero: los ejercicios espirituales, proceso en que se participa activamente en la energía de Dios. Al expandirte y compartir con Dios a través de la forma espiritual interna, creas la oportunidad de conectarte desde tu Alma con la Gran Alma, el Dios Supremo. En ese lugar no existe el ego.

En este nivel también se puede expresar el amor incondicional que existe en el reino del Alma. Consiste en amar a alguien no obstante su comportamiento. Y ese "alguien" también te incluye.

Pregunta: Si el ego es una herramienta que se usa en este mundo físico ¿cómo lo mantienes trabajando contigo de manera positiva en vez de negativa?

Respuesta: A través de la devoción, el compromiso y la consagración; el resultado es libertad.

DIVINIDAD O MISERIA

Pregunta: ¿Cómo puedo considerarme a mí mismo divino si la mitad del tiempo me siento realmente miserable?

Respuesta: Si te consideras a ti mismo como algo menos que divino, no te estás manejando en términos de la verdad. Sentirte miserable es sólo una reacción emocional a una lección divina que se te ofrece. Una persona puede deprimirse o inspirarse con una misma experiencia.

¿No te parece? Observemos lo que sucede con la lluvia. Algo tan particular como la lluvia puede hacer que la gente recorra el espectro emocional que va desde el gozo al terror, y la misma puede crear abundancia o un desastre.

Una pareja de enamorados que camina bajo la lluvia puede convertir la experiencia en algo especial. Los habitantes de una región desértica del África pueden alegrarse de su llegada y hacer de la experiencia algo casi religioso. Para una familia en la ribera del río Mississippi, la lluvia y las inundaciones que se producen a raíz de ellas durante la estación de las lluvias pueden ser una tragedia. En un determinado momento, un granjero puede ver a la lluvia como una bendición necesaria, y en otro momento, cuando la cosecha está lista para la recolección, considerar que la lluvia es un desastre.

Otro ejemplo puedes ser cuando Colón descubrió que el mundo era redondo. ¿Crees que todo el mundo estuvo de acuerdo? Algunos consideraron que Colón era un hereje y quisieron colgarlo. Para otros, significó el derrumbe de su sistema de creencias y quisieron suicidarse. Otros acogieron la información y se sintieron liberados.

De igual forma, cuando Einstein explicó la teoría de la relatividad se produjeron reacciones apasionadas y encontradas. Para algunos fue un alivio increíble que aumentó su libertad. Sin embargo, para otros implicó la destrucción de su sistema de creencias y, por ende, una amenaza a su propia valía.

Si tu propia valía se fundamenta en un sistema de creencias, casi seguro que estarás más proclive a la depresión y a sentirte miserable. Sin embargo, si estás dispuesto a soltar cualquier apego condicionado y estructura de creencias, admites la libertad de elección, la libertad de vida que permite la entrada de lo positivo. En consecuencia, el amor, la abundancia y la dicha están siempre a tu disposición; sólo tienes que soltar las limitaciones suficientes para que se haga presente aquello que ya existe y que es lo divino. Cualquier cosa inferior a esa depende sólo de tu actitud.

Puedes usar muchos adjetivos para referirte a ti mismo, adjetivos que van desde depresivo hasta miserable, pero estos son sólo etiquetas que describen tu actitud. ¿Con tu actitud promueves la restricción, la limitación y la negatividad? ¿O con tu actitud creas libertad de elección, de vida y de abundancia?

El Padre, el Hijo y el Espíritu Santo

Pregunta: ¿Cuál es nuestra relación con el Padre, el Hijo y el Espíritu Santo, y cómo puede expresar eso un ser humano?

Respuesta: El Padre es el creador. El Hijo es la manifestación del creador y también un creador, y el Espíritu Santo es el que sostiene la manifestación del creador y del Hijo. Esas definiciones se basan en creencias espirituales y religiosas determinadas. Otros credos tienen un concepto distinto del creador y de la forma a través de la cual tales energías se transmiten a los seres humanos.

Independiente de la forma o de las etiquetas, la manera como obtenemos la energía de Dios es a través de del amor, en esa clase de amor en que no hay negatividad. Por ejemplo, si un niño suelta un gas ¿te sientes avergonzado y lo enjuicias, o aceptas la acción como una función natural? No juzgas.

Cuando le das la comida a un niño y se unta toda la cara, el pelo y la ropa ¿te pones impaciente? Posiblemente no. Probablemente ames al niño, lo acaricies y juegues mientras le apuntas a la boca y rías viendo el lado divertido del descuido al alimentarlo. No juzgas.

Si de verdad quieres experimentar a Dios manifestándose a través de un ser humano, pasa un tiempo con un niño cuando ambos estén relajados. Comiendo, hablando, caminando, jugando: simplemente permanece con el niño y podrás reconocer a Dios.

Tal vez, una de las razones por las cuales los niños parecen estar más cerca de Dios que los adultos es porque ellos todavía no están tan condicionados con los juicios y las culpas. Están más próximos a un estado de inocencia y de aceptación. Tú, como adulto, también puedes participar de eso. Tal vez puedas encontrar a tu niño interno. La actitud que te promete la relación más elevada que puedas tener es que no declares nada como correcto o incorrecto y que no sientas culpa. Esa relación eres tú con el Espíritu.

¿Ser como Jesús o ser yo mismo?

Pregunta: He escuchado a algunos líderes religiosos decirme que "actúe y sea como Jesús". A pesar de lo mucho que amo a Jesús, entiendo que no soy un santo, pero siento que si "no actúo ni soy como Jesús" estoy condenado al infierno. ¿Me puedes ayudar?

Respuesta: En un sentido espiritual, cada uno de nosotros es totalmente responsable de sus acciones. Jesús ya hizo el papel de Jesús. Tú no estás aquí para vivir la vida de Jesucristo. Estás aquí para vivir tu vida, para equilibrar tu vida de modo que tus manifestaciones y actitudes sean de naturaleza positiva, y para expresar amor incondicional tanto en las buenas como en las malas. Dios está en ti de la misma forma que en Jesús. Todo lo que tienes que hacer es tomar mayor conciencia de Dios en ti.

Jesús estuvo cien por ciento consciente de Dios, el cien por ciento del tiempo. Pero no uses ese ejemplo de conciencia total para compararte, culparte o juzgarte. Más bien úsalo como punto de referencia de lo que es posible, como un recordatorio de que puedes trabajar constantemente ampliando tu conciencia a medida que atraviesas y disfrutas tu vida. E independientemente de lo que te suceda, recuerda que la vida es para disfrutarla y que puedes utilizar tu voluntad, tu sensatez y tu capacidad de amar para lograrlo.

CUÁNDO SABES LO QUE ESTÁ BIEN PARA LOS DEMÁS

Pregunta: A veces realmente sé lo que es correcto espiritualmente, no desde el nivel del ego, sino desde la experiencia y el amor. El problema surge cuando veo que mis amigos ignoran lo que saben y no actúan basados en su conocimiento de lo que es apropiado. ¿Debo exhortarlos a que se comporten de una manera más apropiada o simplemente ignorarlos?

Respuesta: Una de las razones por las que rara vez le digo a alguien que está haciendo algo equivocado es porque a lo mejor lo que la persona está haciendo no es equivocado para ella. Puede que necesite hacer lo que está haciendo para obtener el aprendizaje que la experiencia le ofrece y así no volver a hacerlo.

Yo te sugiero que asumas la posición de observador y que sólo lideres con el ejemplo y no con la actitud de "deberías hacer esto". Desde luego que si alguien te pregunta, le puedes dar un consejo. Sin embargo, aun así te animo a que por lo menos propongas dos opciones, y que presentes la información de una forma neutral y amorosa, sin tratar de forzarlos o manipularlos a que hagan una cosa determinada.

Luego, dale el derecho a la persona de tomar la información y ajustarla a sus propias circunstancias y personalidad. Una vez que haya hecho esto mantente a distancia y déjalo libre para que utilice la información a su manera y para que saque el beneficio de su experiencia. Como una analogía de esto, puedes tratar de decirle a un niño cómo caminar, pero aun así el niño necesita la experiencia de caerse, levantarse, quedar colgando, caerse de nuevo y pelarse las rodillas. El niño aprende a caminar a través de su experiencia.

Te puede ayudar que asumas una actitud de aceptación, entendiendo que con el comportamiento y la lucha de una persona la están preparando para su siguiente nivel de existencia. Esa lucha es un fortalecedor. Y yo dejo que la gente la tenga.

Tomarse su espacio

Pregunta: ¿Qué significa para ti la expresión "tómate tu propio espacio"?

Respuesta: Hace muchos años escuché esa expresión y observé que la gente buscaba espacio físico o la posibilidad de expresarse emocionalmente. También me di cuenta que otros usaban la expresión como una justificación para comportarse negativamente con alguien.

Para mí el único espacio que alguien se puede tomar realmente es el espacio interno. Pero no es tanto como que ese lugar sea tomado sino que descubierto. Y en mi experiencia el proceso más efectivo para descubrirlo son los ejercicios espirituales.

Cambiar de nombre

Pregunta: Si me cambio el nombre, ¿eso me puede ayudar en mis relaciones personales y profesionales?

Respuesta: Sería mucho más efectivo si cambiaras de actitud. Pero si cambiar de nombre te ayuda a cambiar de actitud, hazlo. Tal vez deberías haberlo hecho hace mucho tiempo.

¿Qué es la Luz?

Pregunta: He escuchado a muchos líderes religiosos y espirituales hablar de la Luz. ¿Se trata de la Luz de Dios o de la persona? Y si es la Luz de Dios, ¿qué relación tiene un ser humano con ella? ¿Qué se supone que debemos hacer con la Luz?

Respuesta: La Luz es una forma de energía que emana de Dios. El hecho de que la gente hable de la Luz no significa que tenga el poder de la Luz. La luz no es algo que se recibe ni se entrega a nivel verbal. Si estás conectado a la Luz, no tienes que hacer nada con ella, sólo ser.

La Luz puede perturbar lo confortable y confortar lo perturbado.

El aborto

Pregunta: ¿Es o no espiritual el aborto?

Respuesta: Hay momentos en que una persona pone en movimiento una acción espiritual que tal vez no encaje con sus decisiones conscientes. Si una mujer queda embarazada y conscientemente no quiere tener al niño, es posible que a nivel espiritual se haya comprometido a tener a ese hijo. Desde luego que la mujer (y ojalá también el hombre) deberá resolver ese tipo de cosas de acuerdo a su propia conciencia.

¿Existen los milagros?

Pregunta: En nuestra relación con Dios, ¿existen los milagros?

Respuesta: Los milagros existen, pero por lo general la gente no tiene conciencia de ellos o le da mal uso a esos regalos divinos. Esto me recuerda la historia de un hombre que se perdió en las montañas. Durante tres días sólo había comido raíces y bayas, lo que lo tenía bastante debilitado. Cayendo de rodillas, oró: "Señor, si me rescatas, voy a dedicar mi vida a tu servicio". Al poco tiempo, lo encontraron dos cazadores y entonces el hombre dijo: "Señor, olvídalo. Ya me encontraron estos dos hombres".

Todo el mundo experimenta milagros a cada día, pero por lo general no los reconoce.   Esta falta de reconocimiento eventualmente puede llevar a la persona a creer que todos los dones son el resultado de su propio poder (ego), y adjudicarle todas las experiencias dolorosas a Dios.   Cuando se le pide a la gente que explique las razones de una inundación o de un huracán devastador, por lo general la respuesta es: "Fue la voluntad de Dios". ¿Por qué nadie le pide a otro que explique las razones de un bello día o de un arco iris o de un colibrí?

Pensar o Hacer

Pregunta: He leído mucha   literatura de corte espiritual y sin importar cuánto lea, cuánto piense al respecto o incluso cuánto entienda y con cuánto esté de acuerdo, mi vida no mejora. ¿Me falta algo?

Respuesta: Sí, te falta tu vida. Leer, pensar, entender y estar de acuerdo es sólo gimnasia intelectual a menos que te levantes y hagas algo con la información. Algo como activarla. ¿Cómo? Actuando. Para vivir tu vida debes ponerte en movimiento y resolver las cosas. No te limites a pensar en algo, porque pensar no resuelve las cosas. Actuar sí las resuelve. Y cuando actúas, haciendo lo que sea, desde dar un examen hasta lavar los platos, arreglar el auto o hacer ejercicios espirituales, la acción puede contribuir a liberarte. Te puedes liberar porque la energía dentro de ti ya no está dirigida hacia sentimientos de desesperación, aflicción o culpa por las cosas incompletas o sin hacer. Una vez que hayas probado la libertad del movimiento del Espíritu, es muy posible que no vuelvas atrás. Actuar genera libertad.

LA VIDA COMO UN EJEMPLO

Pregunta: Yo intento vivir mi vida como un ejemplo para los demás, pero francamente no estoy seguro de que sirva para algo, porque la mayoría de las personas son egoístas y desagradecidas. ¿Me puedes ayudar a aclararlo?

Respuesta: Vive tu vida como un ejemplo para ti mismo. No trates de vivirla siendo un ejemplo para nadie, porque hacer eso es optar por una embestida del ego, lo que no tiene valor a largo plazo, o por la crucifixión, la que puede durar más de lo que te gustaría. Asume tu propia vida y vívela con la comprensión interna de que es tuya, sin importarte lo que digan y lo que hagan los demás. Y aun así puedes seguir siendo considerado con los demás, guiarte por las leyes de la sociedad, y vivir una vida única, demostrando integridad y amor a tu propia conciencia espiritual.

Sugiero que no hagas el bien para tratar de impresionar a tu maestro espiritual, a tu jefe, a tu pareja, a tu hijo, o a nadie. Si vas a hacer el bien, y ruego que así sea, hazlo por un fin en sí mismo. Hazlo porque es lo correcto de hacer. No recojas la basura sólo cuando alguien te esté mirando. Hazlo aunque tú seas el único a la vista, porque es lo que hay que hacer. Aquel que manifiesta el bien sin un motivo ulterior es quien recibe las bendiciones.

Si haces el bien por el gusto de hacerlo, sentirás una satisfacción en tu corazón difícil de describir en palabras. Es posible que tu mente o tus emociones no se satisfagan con eso, porque a veces esos niveles no entienden el nivel del corazón. El refrán: "La virtud es su propia recompensa" es acertado. Vive una vida de virtud, integridad y amor. Descubrirás que eso es todo lo que necesitas.

El valor del sufrimiento

Pregunta: Alguna vez te escuché decir que si supiéramos el valor que tiene el sufrimiento, jamás pediríamos que se nos evitara. ¿Eso qué quiere decir?

Respuesta: Cada vez que nos sentimos en nuestro mejor estado, a menudo pensamos que no necesitamos a Dios. Y en esos momentos es raro que encontremos a Dios. Sin embargo, cuando sufrimos o estamos peor que nunca, nos conectamos más profundamente con el Señor para pedirle ayuda. Y con frecuencia es entonces cuando descubrimos al Señor. En esa etapa, el sufrimiento ha actuado de purificador pues en realidad nos ha conducido al lugar dentro de nosotros donde existe Dios. Y también puede despertarnos a una sabiduría que conlleva la resolución de no volver a hacer aquellas cosas que nos produjeron el sufrimiento.

Entonces, desde mi perspectiva, el sufrimiento a menudo es el ángel que está parado ante la puerta del infierno. Cuando veo a ese ángel, reconozco que puedo llegar a sufrir si continúo haciendo las cosas tal como las he venido haciendo. Entonces, más rápido de lo que me demoro en contártelo, dejo de hacer lo que estaba haciendo. Mi experiencia con el sufrimiento es un punto de referencia tan poderoso para mí que he dejado de crearme sufrimiento.

Si lo miras desde esa perspectiva, el sufrimiento es un gran punto de referencia. Si tu patrón de comportamiento es que tienes que sentirte cansado y enfermo de sentirte cansado y enfermo, bueno, esa es una manera de ir por la vida. Pero si eres lo suficientemente listo como para prever lo que va a suceder y comprender que no tienes que hacer lo que sabes que te va a acarrear sufrimiento, para mí eso sería preferible.

¿ES DIOS EL GRAN PROVEEDOR?

Pregunta: ¿Es cierto que Dios me va a proporcionar todo lo que yo necesite?

Respuesta: Todo lo que necesites, pero no necesariamente lo que desees. Lo que necesitas son las experiencias que te despertarán al estado de amor incondicional que ya existe dentro de ti en este momento. En demasiadas ocasiones la gente se relaciona con Dios como si fuera el gran "mandadero del cielo" y sus plegarias son un cúmulo de gemidos. El don de crearte buenas oportunidades ya es tuyo. Y tal como alguien escribió alguna vez: "Tú eres el don que Dios te da. Y lo que hagas de ti es el don que tú le das Dios".

DESEOS

Pregunta: ¿Existe alguna relación entre el Espíritu y nuestros deseos físicos y emocionales?

Respuesta: De cierta manera, sí. Cuando buscas amor, ya sea a nivel emocional o sexual incluso, en realidad estás intentando conectarte con tu Alma. Por tu soledad tal vez enfoques tu búsqueda en el nivel físico, anhelando a alguien. Pero tu añoranza en realidad es por tu propia Alma. Hasta que no reconozcas esto, es posible que busques la felicidad a través de diferentes gratificaciones sucedáneas, que son pasajeras. En otras palabras, son ilusorias y no te pueden proporcionar la plenitud que buscas. Sólo el Espíritu puede hacerlo.

CELIBATO

Pregunta: Sé que algunas religiones de la India promueven y practican el celibato y que en algunas religiones occidentales, los sacerdotes y las monjas, hacen votos de castidad. ¿Eso significa que el sexo se contrapone al progreso espiritual? Yo estoy casado, tengo hijos y amo a mi familia, pero también amo a Dios y no quiero hacer nada que obstruya o impida mi conexión con Dios.

Respuesta: Lo único que va contra tu progreso espiritual es actuar sin amor. Las personas que practican el celibato consideran que esa técnica les funciona para poder conservar y dirigir su energía. Eso no significa que las parejas casadas sean menos espirituales porque expresen su amor teniendo relaciones sexuales. Existen muchos caminos hacia Dios, aunque sólo existe un Dios.

Si en tus actos están presentes la aceptación y el amor, Dios forma parte de todo lo que haces, incluyendo el respirar, comer, orinar, defecar, relacionarte sexualmente, rezar, hacer ejercicios espirituales y servir.

SEXUALIDAD Y ESPIRITUALIDAD

Pregunta: ¿Es cierto que la energía que crea el deseo sexual está en la misma zona del cuerpo que impulsa la expresión espiritual?

Respuesta: No. El área llamada el "tercer ojo", que se localiza en medio de la frente, es el centro espiritual del cuerpo. Pero la sexualidad y el impulso creativo del

Espíritu se localizan muy cerca uno del otro, en la banda alrededor del cuerpo, que se extiende justo por debajo del ombligo hasta la mitad del muslo. Dada su proximidad, mucha gente confunde el impulso creativo del Espíritu con el deseo sexual. Si liberan la energía a través del sexo, es posible que no experimenten plenitud espiritual.

Alguna gente dice que el instinto sexual es la fuerza más poderosa sobre el planeta, pero no es así. La imaginación es más poderosa. Piensa en cuánto dura la expresión sexual y compáralo con la cantidad de tiempo que dedicas a las fantasías sexuales o pensando en él después que el acto ha concluido. La imaginación, la fuerza creativa, es el impulso primordial, y la expresión sexual es uno de sus resultados, no la causa.

A veces es difícil diferenciar la fuerza de la creatividad sexual de la fuerza de la creatividad espiritual. A menudo la gente malinterpreta el impulso hacia el Espíritu y a lo mejor deberíamos dar gracias por eso, porque o si no, algunos de nosotros no estaríamos aquí.

Tal como lo he sugerido muchas veces, si vas a tener relaciones sexuales, hazte un favor y tenlas con la persona más iluminada que puedas encontrar. Por supuesto que eso no garantiza nada, pero al menos ambos tendrán mayores probabilidades de compartir honestidad y afecto.

Pregunta: ¿Si tanto el marido como la esposa están involucrados y activos espiritualmente, afecta eso su vida sexual?

Respuesta: El vínculo de amor puede darse sin tener relaciones sexuales. Un contacto íntimo puede expresarse en una caricia con la mano, en un masaje amoroso, al quedarse dormidos abrazados o tan sólo tocándose los pies. Cuando se produce ese vínculo, asumiendo que ambos estén practicando los ejercicios espirituales y el servicio, es posible que les disminuya el interés por la actividad sexual.

Un efecto secundario de dicha situación puede ser que cuando uno de los integrantes de la pareja reciba afluencia espiritual, quiera compartir el sexo como un recurso de bienestar. Si el otro está menos interesado en tener relaciones sexuales, el primero podría sentir que no es amado porque ya no se relacionan sexualmente como antes.

En realidad, su amor puede haber sido sublimado del deseo carnal a la plenitud espiritual. Esto no es extraño; le sucede a menudo a las personas que están involucradas espiritualmente. Se requiere madurez para aceptar que cuando una pareja empieza a convivir, puede que tenga relaciones sexuales todas las noches durante las primeras seis semanas y que, posteriormente, dicha expresión empiece a declinar gradualmente. Dos años después, aquellos que participan activamente en la expresión espiritual, tal vez tengan actividad sexual una vez cada tres meses. Eventualmente podría llegar a darse una vez cada dos o tres años. A algunos eso les puede sonar drástico, pero cuando las energías espirituales fluyen, el intercambio de energía que se da durante el acto sexual ya no se necesita de la misma forma que durante los primeros meses de matrimonio.

Si el hombre y la mujer pueden adaptarse a esto, reconociendo que la frecuencia del acto sexual se reemplaza por la frecuencia del Espíritu, este puede transformarse en un período relajado y enriquecedor en sus vidas, al compartir energías de naturaleza superior.

Pregunta: ¿Los hombres espirituales, por lo general, son menos activos sexualmente que aquellos que no son espirituales?

Respuesta: Las personas espirituales pueden ser "atletas de alcoba" porque a algunos todavía los domina el nivel de la lujuria física. Con frecuencia funcionan de forma biológica basados en una desinformación, pensando que su lujuria se va a satisfacer con el sexo. Esa lujuria no se puede satisfacer hasta que y siempre que el deseo se convierta al Espíritu. Y entonces dejará de ser lujuria para transformarse en un dar y recibir. Cuando le das al Espíritu lo recibes multiplicado por mil.

Si la gente se casa por el sexo, el matrimonio tal vez dure seis meses. Si se casan por un apego emocional, el matrimonio puede seguir por un par de años. Si el matrimonio se basa en un compartir intelectual, podría durar toda la vida. Y si el matrimonio se fundamenta en el Espíritu, puede prolongarse más allá de esta vida. Entonces, el uso de términos tales como "Almas gemelas" o "Compañeros de Espíritu", etc., es acertado aunque no literalmente, sino para señalar una unión eterna que es primordialmente de naturaleza espiritual.

Pregunta: ¿Existe un contrasentido entre la expresión sexual y la expresión espiritual?

Respuesta: Cuando una pareja expresa amor incondicional a través de la actividad sexual, ambos pueden elevarse y alcanzar la mayor unidad espiritual que se puede lograr en el cuerpo físico. El sexo se convierte en un intercambio de energía, en una manera de realizarse y completarse.

Sin embargo, si el amor incondicional no es la motivación de la relación sexual, la persona puede sentirse disminuida, deprimida y vacía después del acto.

El sexo en sí no es ni bueno ni malo. Es simplemente otra forma de equilibrarte y satisfacerte en tu nivel de expresión física.

¿LA MUJER NECESITA AL HOMBRE?

Pregunta: ¿La mujer necesita a un hombre para sentirse plena espiritualmente?

Respuesta: Nadie necesita a nadie para sentirse

pleno espiritualmente. Tal vez te sientas apoyado al ser parte de un grupo que está comprometido con un proceso espiritual y que te puede amparar cuando el poder de la negatividad se hace presente. Por el hecho de estar en este planeta negativo da por sentado que te surgirán dudas y tentaciones. Yo animo a los que comulgan espiritualmente que lo compartan todo, desde aconsejarse unos a otros hasta comer juntos y caminar por la playa. Puedes recibir apoyo espiritual, frescura y sobre todo aceptación amorosa acompañado por tus hermanos en el Espíritu. En ese proceso puedes reconectarte en forma constante con el Espíritu que eres tú, y cuando estás conectado, no necesitas nada más.

La fantasía que afirma: "Debo tener un alma gemela para sentirme completo" es realmente un chiste. En teoría, es posible que tu Alma esté fragmentada en 256 partes regadas por el planeta, y que cada parte sea total y completa, así como un holograma y como una célula del cuerpo que tiene en sí toda la información del resto del cuerpo.

De modo que es posible que pudieras estar viviendo en muchas existencias diferentes y que cuando todas tus partes mueran, se junten y emerjan a una frecuencia más elevada, combinando todas sus experiencias y existencias.

En vez de dedicar tu energía a buscar a tu "alma gemela", te sugiero que hagas todo lo que tengas a tu alcance para alcanzar la unidad del Espíritu. A eso se le llama práctica, estando con otros que tienen un compromiso similar, y participando con tu mente, tu cuerpo y tu Alma en tu crecimiento espiritual.

La forma en que la mujer maneja la energía negativa

Pregunta: Has dicho que durante el acto sexual el hombre libera su energía negativa en la mujer. ¿La mujer retiene la energía que el hombre libera durante el sexo o la transmuta?

Respuesta: Ella la libera durante su período menstrual. (El hombre también libera energía positiva).

Pregunta: ¿Cómo maneja esta energía la mujer que está en la menopausia?

Respuesta: Usando su sabiduría para elegir a un compañero y mediante la elevación mutua de ambos hacia Dios.

Diferencias espirituales
entre el hombre y la mujer

Pregunta: ¿Existe alguna diferencia espiritual entre el hombre y la mujer?

Respuesta: Existe una diferencia en la forma en que el hombre y la mujer procesan la información y las experiencias espirituales.

En los reinos inferiores de vida, por debajo del reino del Alma, funcionamos bajo la ley de la reciprocidad. Por ejemplo, si empujas algo "un tanto así" tiene que regresar "un tanto así". Es dar y tomar, es un equilibrio de energías positivas y negativas. En líneas generales, cuando la mujer recibe información espiritual, su naturaleza esencial es la receptividad. Ella recibe. La naturaleza esencial del hombre es el impulso. Él da. (Desde luego que hay excepciones: sabemos que también muchas mujeres dan y que también muchos hombres reciben).

En términos genéricos, cuando un hombre recibe información espiritual, en primera instancia él quiere conquistar el mundo y crear un imperio financiero. Cuando una mujer recibe información espiritual, ella quiere básicamente educar a su familia.

De este modo, si educas a un hombre, educas a un individuo. Si educas a una mujer estás edecuando a toda la familia. En consecuencia, es habitual encontrar más mujeres que hombres en los movimientos espirituales.

Cuando el Espíritu penetra en un hombre y en una mujer que tienen una relación, la mujer fácilmente puede llegar a ser "la calma" del hombre. Sin importar las angustias que él haya atravesado, ella tiene la habilidad de permitirle conectarse con su propia tranquilidad, calma y paz.

TERMINAR UNA RELACIÓN

Pregunta: ¿Qué pasa si tengo una relación y quiero terminarla pero la otra persona no quiere? ¿Si me aparto yo, significa que quedaré libre o que voy a seguir cargando con una energía sin resolver de la relación?

Respuesta: Tu primera responsabilidad en la relación es hacia ti mismo. En cuanto inhalas tu primer aliento en este mundo, adquieres la responsabilidad de seguir respirando. Si yo estuviera en una situación que yo considero definitivamente completa, compartiría esta información con la otra persona. No lo haría como una perorata emocional: "Ya completé las cosas contigo. No te soporto, así que me voy, te guste o no". Yo no usaría palabras cuya lectura entre líneas no implique una aceptación amorosa. Si dices: "Entiendo tu punto de vista", pero en el fondo estás pensando que él otro es un estúpido, entonces tu lectura entre líneas es enjuiciadora y tiene muy poco valor positivo.

Yo simplemente compartiría algo de este tenor: "Yo ya no quiero estar involucrado contigo sexual, física, emocional, mental o financieramente. Si hay algo que yo pueda hacer para apoyarte durante esta transición, y que esté a mi alcance, realmente me gustaría ayudarte". Si surgen emociones, yo tendría mucho cuidado conmigo mismo y con la otra persona. No permitiría que me chantajearan emocionalmente, pero tampoco chantajearía a nadie.

Espiritualmente todos estamos involucrados, nos guste o no. Nosotros elegimos el nivel de nuestra participación física con los demás. Algunas personas eligen permanecer con alguien por un período de tiempo determinado apoyándola, enseñándole, ayudándole a hacer de manera más positiva la transición para separarse.

Aun en estas circunstancias es importante ser honesto y si es necesario decir: "Voy a estar contigo por un tiempo pero, a más tardar, dentro de 3 o 4 meses me voy a ir".

Cuando se cumpla el plazo, te sugiero que mantengas tu palabra. Si te quedas porque no quieres herir a tu pareja, sabiendo que para ti todo ha terminado, es como cortarle la cola a un perro de a poco. Si la experiencia realmente está completa para ti, sé leal a tu corazón, cumple tu palabra y sepárate. De esta forma, podrás alejarte con una sensación de aceptación amorosa y de completación.

Se íntegro contigo mismo y con tu pareja. Tal vez las relaciones que implican honestidad e integridad no siempre evoquen felicidad en el momento presente, pero con certeza plantan semillas de alegría que podrán florecer en un futuro cercano. Y esta es una planta perenne. Una vez que te has alineado con la integridad adentro de ti, la dicha florece eternamente, no como una consigna, sino como un proceso activo, vital y enriquecedor.

¿CAMINO AL CIELO O AL INFIERNO?

Pregunta: Tengo un amigo que tiene una religión diferente a la mía y él insiste en que él se va a ir al cielo y que si yo sigo por mi camino, me iré al infierno.

Respuesta: En realidad no existe el camino. Simplemente es. No hay un trayecto que recorrer porque ya estás allí o mejor dicho, aquí. Se trata de hacerse más consciente de la herencia divina que ya es.

Respecto a la preocupación de tu amigo: todo el mundo tiene derecho a tener su propia aventura con la verdad. Tú puedes ejercer ese derecho y tu amigo también. Y lo importante no es el hecho de que las personas tengan distintas creencias religiosas y diferentes libros sagrados. Lo único que vale la pena de verdad es la escritura en vivo de cada uno.

Te sugiero que te sigas basando en tu propia experiencia espiritual. Alguien te podría decir que estás equivocado y que te urja a participar de su experiencia. Si asumes que tu vida está equivocada porque no te expresas a su manera, entonces te estás relacionando con la experiencia de esa persona y no con tu propia experiencia.

Respecto al cielo y al infierno, esos son conceptos que varían de acuerdo a las distintas creencias espirituales o religiosas. El cielo está asegurado si tú o cualquier persona honran a Dios orando, meditando, haciendo ejercicios espirituales o contemplando; cualquiera sea la forma en que te conectes con el amor incondicional de Dios.

Podemos tener rituales diferentes y otros nombres y definiciones para las ideas espirituales. Si estos están unidos al amor incondicional, todos ellos te pueden conducir a Dios. Algunas personas lo llaman el cielo y otras, el reino del Alma. Las palabras y las etiquetas no sustituyen a la experiencia. Ellas han sido inventadas por los seres humanos para ayudar a la gente a aproximarse a lo que no se puede entender mentalmente con la mente. No es la mente la que trasciende a la muerte. Durante la transición sólo existe un Dios que no tiene nombre y que reside en un lugar que no tiene una etiqueta porque es todos los lugares, todo el amor y todas las formas.

Yo te animo a vivir en relación a tu propia experiencia y no a la de nadie más, independientemente de su carisma o de su energía. En el momento de la transición del reino físico (conocida como muerte) ¿vas a atravesarla con el nombre de Dios en tus labios basado en la experiencia de otra persona?

¿O vas a ascender a los reinos superiores con la esencia de Dios en tu corazón, basado en tu propia experiencia?

EL SENTIDO DE LA VIDA

Pregunta: ¿Existe un sentido espiritual para nuestra vida?

Respuesta: Estás aquí para descubrir quién eres, para ascender al Reino del Alma y, en última instancia, para convertirte en un co-creador con Dios.

¿SOMOS GUARDIANES DE NUESTROS HERMANOS?

Pregunta: ¿Realmente tenemos la responsabilidad de ser "guardianes de nuestros hermanos"?

Respuesta: Toda persona consciente tiene responsabilidad hacia los demás seres humanos. Aunque no los conozcas, tienes responsabilidad con ellos. Eso no significa que tengas que hacer lo que los demás hagan. Si alguien cava una alcantarilla, no tienes que saltar a la zanja para cavar con esa persona, aunque esa también puede ser una opción.

Tienes la responsabilidad de apoyar a la gente, de ofrecerles respaldo y de mantener una actitud no enjuiciadora hacia los demás. Y asegúrate de que cualquier cosa que hagas o dejes de hacer, sea una respuesta de corazón.

Al asumir tu responsabilidad no te impongas ni te conviertas en el benefactor de los demás, si no te lo piden o lo rechazan. Si tienes dudas, pregunta. Si puedes apoyar a alguien física o económicamente, y tú y la otra persona se sienten bien al respecto, por favor, hazlo.

Sin embargo, a veces simplemente estando con esa persona en paz, calma y amor, esa energía por sí misma puede obrar milagros.

Diezmo

Pregunta: He escuchado el concepto del diezmo ¿cómo funciona el diezmo? ¿Es lo mismo que hacer una donación?

Respuesta: Diezmar es muy distinto de hacer una donación. Una donación está por encima y va más allá del diezmo. Dar el diezmo es una ley espiritual, y pagarlo es a un pago espiritual.

Uno de los errores humanos fundamentales es el materialismo, que se manifiesta en términos de preocupación por el valor monetario de las cosas. La codicia por naturaleza va contra el Espíritu interno. Si actúas movido por la codicia jamás habrá lo suficiente en este mundo y siempre vas a tener ansias de más.

Puedes romper el patrón de la codicia diezmando, lo que significa dar el diez por ciento de tu abundancia a nivel personal, a la organización espiritual de tu elección. Si eres dueño de una compañía, también puedes diezmar de la abundancia de tu corporación y entonces la compañía diezma. Diezmar es una acción que además de específica es mística e invisible. Cuando diezmas, el Espíritu reconoce que tú te manejas bien con la abundancia y otorga el espacio para una abundancia incluso mayor; eso es místico.

Compartir tu abundancia con alegría es una expresión de gloria en el ser humano. Esa gloria atrae más cosas. Entonces cuando una persona se libera del materialismo, eso se puede convertir en una suerte de infección positiva. En vez de que la codicia contagie a la gente honesta, la gente honesta contagia a la codicia.

COSECHAS LO QUE SIEMBRAS

Pregunta: ¿La expresión "Cosechas lo que siembras" se aplica solamente a las cosas espirituales o también al nivel físico?

Respuesta: La mayoría de la gente piensa que esa expresión significa que si yo te hago algo a ti, eso se me va a devolver. Esa acción no se somete a la ley de "siembras" sino a la de "Ojo por ojo, diente por diente", que es un ajuste de cuentas.

Para entender la ley de "siembras" desde el punto de vista bíblico podemos examinar las Cartas de San Pablo a los Gálatas, donde hay referencias que explican este concepto:

"Hermanos, si alguno fuere sorprendido en alguna falta, vosotros que sois espirituales, restauradle con espíritu de mansedumbre, considerándote a ti mismo, no sea que tú también seas tentado. Sobrellevad los unos las cargas de los otros, y cumplid así la ley de Cristo. Porque el que se cree ser algo, no siendo nada, a sí mismo se engaña. Así que, cada uno someta a prueba su propia obra, y entonces tendrá motivo de gloriarse sólo respecto de sí mismo, y no en otro; porque cada uno llevará su propia carga. *El que es enseñado en la palabra, haga partícipe de toda cosa buena al que lo instruye.* No os engañéis; Dios no puede ser burlado: pues *todo lo que el hombre sembrare, eso también segará.* Porque el que siembra para su carne, de la carne segará corrupción; mas *el que siembra para el Espíritu, del Espíritu segará vida eterna.* No nos cansemos, pues, de hacer bien; porque a su tiempo segaremos, si no desmayamos. Así que, según tengamos oportunidad, hagamos bien a todos, y mayormente a los de la familia de la fe".[3]

En otras palabras "todo lo que el hombre sembrare, eso también segará", se refiere a la instrucción espiritual

[3] Gálatas 6:1-10. La Santa Biblia, Versión Reina Valera Antigua. (La letra cursiva fue añadida para enfatizar).

y a Dios. Esa ley proviene del Espíritu y se promulga en los reinos espirituales. "Ojo por ojo, diente por diente" corresponde al Antiguo Testamento. Sin embargo, con la dispensa de Cristo, es una ley espiritual ("No os engañéis; Dios no puede ser burlado: todo lo que el hombre sembrare, eso también segará"), que es el primer patrimonio del hombre y de la mujer.

Puedes sembrar cosas en el mundo físico y tal vez éstas desaparezcan. Lo que siembras en el Espíritu y en Dios no se puede burlar. No puedes sembrar en el Espíritu simplemente hablando. Practica las cosas espirituales, por ejemplo, medita, contempla, haz ejercicios espirituales, sirve por el gusto de servir, etc., y eso te fortalecerá.

A veces cuando la gente empieza una relación íntima comienza a pelear y a atacar a la otra persona. Eso significa someterse a la ley de causa y efecto a nivel inconsciente, porque la mayoría de las personas cuando pelean, en realidad le están pidiendo al otro más Luz y más Amor. A veces peleamos porque queremos que la otra persona nos muestre la-forma-de-Dios, no el terror de Dios sino el amor de Dios.

Sería inteligente evitar expresarse con sentimientos de carencia. El silencio puede ser una opción mejor. Tal vez en el silencio puedas alcanzar el verdadero entendimiento de tu necesidad de amor. No tienes que expresar esa necesidad con ira, frustración o impaciencia. Puedes expresar tu necesidad sin acusar al otro de que te ha fallado, sin juzgar a nadie. Si aprendes a hacer eso, evitarás el síndrome de "cosechas lo que siembras", que es la ley de causa y efecto.

Dios recompensa lo que haces en silencio. Tal vez nadie te vea pero vas a ser recompensado con la fortaleza y la plenitud de lo que hiciste. ¿Cómo sabrás si eso sucede? Ve a tu interior. Tómate el tiempo para estar en ese espacio de tranquilidad que tienes adentro. Escucha, observa, siente, y tal vez viajes a los mundos espirituales de manera consciente.

La ley de causa y efecto la experimentan todos los seres humanos, ya sea consciente o inconscientemente. Cuando te conectes con el centro espiritual dentro de ti, con seguridad te dará más oportunidades de crear paz que desarmonía. A medida que despiertes al centro de paz en tu interior podrás compartir esa energía y contribuir a la paz del mundo.

Debes tener Espíritu en este mundo si quieres tener paz en el mundo. La paz individual es el preludio a la paz mundial. La paz individual comienza contigo, sin importar lo que hagan los demás. Puedes vivir en paz en las relaciones y evitar los conflictos. Podemos tener paz en este mundo sin caer en una guerra. "Cosechas lo que siembras" se interpreta con demasiada frecuencia como una advertencia negativa, pero también puede ser una acción profundamente espiritual, ya que una acción positiva conduce a un resultado positivo.

Fija la imagen de lo que quieres y mantenla. Crea y exprésate en forma positiva y elevadora en los niveles físico, imaginativo y espiritual y entonces podrás cosechar lo que sembraste: abundancia y dicha, que son tu herencia.

¿ES ÚNICA EL ALMA?

Pregunta: Me gusta pensar que yo soy único, incluso a los ojos de Dios. ¿Mi Alma es única?

Respuesta: La declaración única es que somos lo que somos ahora mismo porque todo lo que hemos hecho antes de este momento equivale a "ahora mismo".

Existe algo único respecto al Alma; todo el mundo tiene un Alma y todo el mundo forma parte de esa energía. Sin embargo, hay algo "más único" en relación al Espíritu que llena el Alma. Ese Espíritu proporciona una vitalidad única a cada Alma individual. Cada uno es una persona única y especial en el Espíritu que nos creó a todos.

¿QUÉ ES DIOS?

Pregunta: ¿Qué es Dios?
Respuesta: Todo.

SOBRE JOHN-ROGER

Maestro y conferencista de talla internacional, una luminaria en la vida de miles de personas, ha publicado millones de libros. Durante más de cuatro décadas su sabiduría, su humor, su sentido común y su amor han ayudado a muchos a descubrir al Espíritu adentro de ellos, y a encontrar salud, paz y prosperidad.

John-Roger es un recurso extraordinario, que cubre una amplia gama de temas a través de más de tres docenas de libros, dos de los cuales, escritos en co-autoría, fueron parte de la lista de "best-sellers" del New York Times, y de sus innumerables materiales en audio. Es el fundador y consejero espiritual de la iglesia ecuménica del Movimiento del Sendero Interno del Alma (MSIA), cuyo principal enfoque es la Trascendencia del Alma; fundador y canciller de la Universidad de Santa Mónica (University of Santa Monica); y fundador y presidente del Seminario Teológico y Escuela de Filosofía Paz (PTS); fundador y presidente del directorio de los Seminarios Insight y fundador y presidente del Instituto para la Paz Individual y Mundial.

John-Roger ha dado más de 6.000 conferencias y seminarios por todo el mundo, muchos de los cuales se televisan en los Estados Unidos a nivel nacional en el programa de Cablevisión titulado That Which Is. Ha sido invitado estelar en el programa de la CNN de Larry King, y sale en radio y televisión con regularidad.

Un educador y ministro de profesión, John-Roger continúa transformando las vidas de muchos, al educarles en la sabiduría del corazón espiritual.

Para mayor información acerca de las enseñanzas de John-Roger a través del Movimiento del Sendero Interno del Alma, favor ponerse en contacto con:

alma@msia.org
www.msia.org
www.john-roger.org